www.ingramcontent.com/pod-product-compliance
Lightning Source LLC
Chambersburg PA
CBHW051900090426

42811CB00003B/411

ספר

# דרך השם

לרבינו המקובל

## רבי חיים לוצאטו

## הרמח"ל

כולל כל עניני מוסר ויראת ה' על פי הקבלה

ידוע כי אין בר בלי תבן, כך אין ספר בלי טעויות, ועוד יודע אני כי דל ועני אני, **ואין עני אלא בדעה**. לכן מבקש אני בככל לשון של בקשה אם יש לכל אחד שאלות, הערות, הארות, תיקונים, נא לשלוח ל - simchatchaim@yahoo.com והשתדל לענות, ולתקן את הצריך תיקון.

אין לעשות שימוש כל שהוא בחומר שבחלק זה לצורך מסחרי, אלא רק ללמוד וללמד.

להשיג ספר זה או ספרים אחרים לאינפורמציה

simchatchaim@yahoo.com

מהדורה ראשונה תשפ"ד 2023

בס"ד

**י**רפא **ה**מאציל **ו**יושיע **ה**בורא את כל חולי בני ישראל, וישלח להם רפואה שלימה, רפואת הנפש ורפואת הגוף, בכל אבריהם ובכל גידיהם לעבודתו יתברך.

בי"ב במנחם אב תשס"ה, הובהלתי לבית החולים, הרופאים לא נתנו לי סיכוי לחיות יותר מכמה שעות בגלל מספר תסבוכות. עם כל זאת בזכות התפילות של בני ישראל הקדושים, ברחמיו הרבים, ריחם עלי הקדוש ברוך הוא, ונשארתי בחיים.

עם כל זאת, הובחנה אצלי מחלה קשה בכליות, ונאמר לי שהצטרך למכונת דיאליזה. בשבילי זה היה שוק!!! אף פעם לא הייתי אצל רופא, או בבית חולים. כך בעל כרחי התחברתי למכונת דיאליזה, ומכונה זאת הייתה  קשורה בי ככלב במשך שמונים חודשים בדיוק, כמניין יסוד, במשך 10-12 שעות ביום.

בשבת פרשת ויחי יעקב י"ב טבת תשע"ב, בזכות בני ישראל, שכולם אהובים כולם ברורים כולם גיבורים כולם קדושים... וכולם פותחים את פיהם באהבה שלוש פעמים ביום, ואומרים - ברוך אתה... רופא חולי עמו ישראל, וכללותם כל האברכים, תלמידי הישיבות, רבנים וחכמים, חסידים, מקובלים עם תינוקות של בית רבן, זקנים עם נערים, בחורים וגם בתולות, בארץ הקודש ובעולם.

ומצד שני בנות ישראל היקרות מפז, שהתפללו וקבלו עליהם כל מיני קבלות, מהפרשת חלה עד צניעות וכיסוי הראש, עם הרבנים, המנהלים, המורים, המורות והתלמידות של בית יעקב דטורונטו שכל יום התפללו, וכללו בתפילתם שבקעה את כל הרקיעים אותי, ונושעתי אני הקטן. הושתלה בי כליה. והתנתקתי ממכונת הדיאליזה.

אמר המלך דוד - לולי  תורתך שעשעי אז אבדתי בעניי. מה שנתן לי חיות היא התורה הקדושה, בשעות הרבות שהייתי מחובר למכונת הדיאליזה )כ12 שעות ביום(, ערכתי סדרתי וכתבתי וניקדתי במחשב את הקונטרסים שלמדתי במשך שנים. וקונטרסים אלו הפכו לחיבורים, ואחרי התלבטויות ובקשות מבני גילי, החלטתי בעזרתו יתברך להדפיס קונטרסים אלו.


בברכה והצלחה בלימוד התורה הקדושה.
ובעיקר בפנימיות התורה, ותורת המוסר תורת רבינו הרמח"ל.

ורפואה שלימה לכל חולי ישראל.

אח"י

1

## תוכן הספר

חלק רביעי

ספר

# דרך ה'
## כללי האמונה והעבודה

מכבוד הרב רבן המובהק אוצר התבונה והדעת החסיד
המקובל מארי דרזין עלאין איש אשר רוח א' בו המפורסם
בחבוריו הקדושים והנפלאים כבוד קדוש't

### מורנו משה חיים לוצאטו זצללה'ה

וז"ל בהקדמתו

כוונתי בו להציע לפניך כללי האמונה והעבודה על בורים באופן
שתוכל לעמוד עליהם על נכון ויצטיירו בשכלך ציור בספוק מוצל מן
הקרטוב והמבוכה ותראה שרשיהם וענפיהם בבחינת האמשרי
שיתיישבו על לבך ותקנה אותם בשכלך במזבחר שבפנים ושם והלאה
יקל לך למצוא דעת אלקים בכל חלקי התורה ופירושה ולעמוד על
סתריה בברכת ה' אלקיך אשר יתן לך:

נדפס ונחשקת   באמשטרדם   עהיוסק   פכ"ק   המחבר
וז"ל רבא ה' סידר בכלל באמשטרדם, רקתא גרמא פה קולק.
נתיקן דרכת שבודשם שהר' בו פקודם גם בלוי אלרי קוד נמה רביים וכפא פנולה
הגרפ"ח וז"ל גם מפתח לסנוא דברי אסך   ברפי הסרינים   שומעיהיל פה.

ירושלם תרע"ד – ברוס א. ם. לתק.

אדרעס   Rabbi. Isack Malzan Jerusalem (Palästina)

שער הספר משנת תרע"ד 1914 ירושלים

## הקדמה

יתרון ידיעת הדברים על מתכונת חלקיהם כפי מחלקותם וסדרי יחסיהם, מידיעתם שלא בהבחנה, כיתרון ראיית הגן המהודר בערוגותיו ומיופה במסילותיו ובשורות מטעו, מראיית חורש הקנים והיער הצומח בערבוב:

כי אמנם ציור חלקים רבים, אשר לא נודע קשרם ומדרגתם האמיתית בבניין הכל המורכב מהם, אצל השכל המשתוקק לדעת, אינו אלא משא כבד בלא חמדה, שייגע בו ויעמול ונלאה ועייף ואין נחת. כי הנה כל אחד מהם שיגיע ציורו אצלו, לא יניח מהעיר בו התשוקה לבוא עד תכליתו, וזה לא יעלה בידו, כיון שנעדר ממנו תשלום עניינו, שהרי חלק גדול מהדבר הוא יחסיו עם המתייחסים לו ומדרגתו במציאות, וזה נעלם ממנו, ונמצאת תשוקתו טורדתו מבלי שבעתה וחמדתו מכאיבתו ואין מנוחה. לא כן היודע דבר על אופניו, שבהיות נושאו מתגלה לעיניו בעליל כמות שהוא, הלוך ילך והשכל אל אשר יפנה שם, וביופי מלאכותיו יתענג וישתעשע. והנה כלל מה שיצטרך לאדם שיבחן בנושאו, הוא מדרגתו האמיתית שזכרנו. וזה, כי הנה כשנבחין כלל הנמצאות המוחשים והמושכלים, שהם כלל כל מה

שמצטייר ציורו בשכלנו, נמצא שאין כולם מין אחד ומדרגה אחת, אלא מינים שונים ומדרגות מתחלפות, וכפי התחלף מינם כן יתחלפו משפטיהם וחוקיהם. וזה ממה שיכריחנו להבחין ביניהם בהשכלתנו, למען נשיג אותם לאמיתם כל אחד כפי חוקו. ואמנם ראשי המדרגות והמינים אחד, והם מה שראוי שיבחן בנושא להכיר מאיזה מהם הוא, והם:

- הכל והחלק.
- הכלל והפרט.
- הסבה והמסובב.
- הנושא והמתחבר.

וזה מה שנדרוש ראשונה בנושא לדעת אם הוא כל ואם הוא חלק, אם הוא כלל או פרט, אם הוא סבה או מסובב, אם הוא נושא או מתחבר:

והנה כפי מדרגתו כן יבחן בו הבחנות, אשר כפי טבעו מצטרכות להשלמת השכלתו וציור עניינו: אם חלק הוא, יבקש לדעת הכל שהוא חלק ממנו; אם הוא פרט, יחקור על כללו; אם סבה, יחקור על מסובבו; אם מסובב - את סבתו; אם מתחבר, יבקש על נושאו:

ויחקור כמו כן לדעת איזה מין ממיני המתחברים הוא, אם קודם, אם נמשך, ואם מתלווה, אם עצמי ואם מקרי, אם בכוח ואם בפועל,

כולן הבחנות לא ישלם ציור עניין זולתם. ועל הכל יתבונן על טבע העניין, לדעת אם הוא מוחלט או מוגבל. ואם מוגבל הוא, יחקור על גבוליו, כי אולם כל עניין אמיתי ישוב כוזב אם ייוחס לנושא בלתי הגון לו, או אם יילקח שלא בגבולו. ואמנם צריך שתתבונן, שהנה מספר הפרטים עצום מאוד מהכיל אותם שכל האדם, ואי אפשר לו לדעת כולם. ואולם מה שראוי לו שישתדל עליו הוא ידיעת כללים, כי כל כלל בטבעו כולל פרטים הרבה, וכשישיג כלל אחד - נמצא משיג מאליו מספר רב מן הפרטים; ואף על פי שלא הבחין בם עדיין ולא הכיר היותם פרטי הכלל ההוא. כי הנה כשיבוא אחד מהם לידו - לא יניח מלהכיר אותו, כיון שכבר ידוע אצלו העניין הכללי אשר אי אפשר להם היות בלתו. וכן אמרו ז"ל: "לעולם יהיו דברי תורה בידיך כללים ולא פרטים" )ראה ספרי האזינו ב(:

אך מה שיצטרך בידיעת הכללים - הוא הדעת אותם בכל גבוליהם ובחינותיהם, וכמו שכתבתי למעלה. ואפילו דברים שנראים בתחילה נעדרי התולדה, צריך שתשמור אותם ותשית להם לבך ולא תהיה בז להם, כי אין לך דבר קטון או גדול בכלל שאין לו מקום תולדה בפרטים. ומה שלא יוסיף ולא יגרע בקצת הפרטים, הנה יוליד תולדה רבה בזולתם, ובהיות הכלל כלל לכולם, צריך שיהיה בו מה שיספיק לכולם. על כן צריך שתדקדק בזה מאוד, ותתבונן על עניינם ועל יחסיהם וקשריהם בדקדוק גדול, ותבחין יפה יפה המשכם והשתלשלותם, איך נמשכים עניין מעניין מן הראש ועד הסוף, ואז תצליח ואז תשכיל:

והנה על פי הדברים האלה, חיברתי לך קורא נעים חיבור קטן זה, וכוונתי בו להציע לפניך כללי האמונה והעבודה על בורים, באופן שתוכל לעמוד עליהם אל נכון, ויצטיירו בשכלך ציור מספיק מוצל מן הערבוב והמבוכה, ותראה שורשיהם וענפיהם במדרגותם בבירור האפשרי שיתיישבו על לבך, ותקנה אותם בשכלך במובחר שבפנים. ומשם והלאה יקל לך למצוא דעת אלוהים בכל חלקי התורה ופירושיה ולעמוד על כל סתריה, כברכת ה' אלוהיך אשר יתן לך:

והנה נשתדלתי לסדר הדברים בסידור שנראה לי יותר נאות, ובמילות שחשבתים היותר הגונות, לתת לך ציור שלם מהדברים האלה אשר גמרתי להשכילך. על כן גם אתה צריך אתה לדקדק על כל זה, ולשמור את כל זה שמירה מעולה, עד תמצא מקום שיועיל לך, ולא תוותר על שום דקדוק פן יתעלם ממך עניין הכרחי. אבל זה אשר תעשה, תדקדק על כל המלות ותשתדל לעמוד על תוכן העניינים ולעצור כל אמיתתם בשכלך, ומצאת לך מנוח אשר ייטב לך:

והנה קראתי שם הספר דרך ה',
כי הנה הוא כלל מדרכיו יתברך
שגלה לנו על ידי נביאיו והודיענו
בתורתו, ובהם מנהלנו ומנהל כל
בריותיו. וחלקתי אותו לארבעה
חלקים:

האחד - מדבר בו על כלל יסודות
המציאות ופרטותיו.

השני - בהשגחתו יתברך,

השלישי - בנבואה,

והרביעי - בעבודה.

ואתה אחי כל מבקש ה' בדרך
הזה לך, וה' יהיה עמך ונתן לך
עיניים לראות ואוזניים לשמוע
נפלאות מתורתו.
אמן כן יהי רצון.

7

## פרק א – בבורא יתברך שמו

**א.** כל איש מישראל צריך שיאמין וידע, שיש שם מצוי ראשון קדמון ונצחי, והוא שהמציא וממציא כל מה שנמצא במציאות, והוא האלוה ברוך הוא.

**ב.** עוד צריך שידע, שהמצוי הזה יתברך שמו, אין אמיתת מציאותו מושגת לזולתו כלל. ורק זה נודע בו, שהוא מצוי שלם בכל מיני שלימות, ולא נמצא בו חסרון כלל. ואולם דברים אלה ידענום בקבלה מן האבות ומן הנביאים, והשיגום כל ישראל במעמד הר סיני ועמדו על אמיתתם בבירור, ולימדום לבניהם דור אחר דור כיום הזה, שכן ציוום משה רבינו ע"ה מפי הגבורה: "פן תשכח את הדברים אשר ראו עיניך" וגו' "והודעתם לבניך ולבני בניך". אמנם גם מצד החקירה במופתים הלימודיים יאמתו כל הענינים האלה, ויוכרח היותם כן מכח הנמצאות ומשיגיהם אשר אנחנו רואים בעינינו, על פי חכמת הטבע, ההנדסה, התכונה ושאר החכמות, שמהם תלקחנה הקדמות אמיתיות אשר יולד מהן בירור הענינים האמיתיים האלה. ואמנם לא נאריך עתה בזה, אלא נציע ההקדמות לאמתם, ונסדר הדברים על בורים, כפי המסורת שבידינו והמפורסם בכל אומתנו:

**ג.** עוד צריך שידע, שהמצוי הזה יתברך שמו, הנה מציאותו מציאות מוכרח שאי אפשר העדרו כלל:

**ד.** עוד צריך שידע, שמציאותו יתברך אינו תלוי בזולתו כלל, אלא מעצמו הוא מוכרח המציאות:

**ה.** וכן צריך שידע, שמציאותו יתברך - מציאות פשוט בלי הרכבה וריבוי כלל, וכל השלימויות כולם נמצאים בו בדרך פשוט. פירוש: כי הנה בנפש ימצאו כחות רבים שונים, שכל אחד מהם גדרו בפני עצמו. דרך משל, הזכרון כח אחד, והרצון כח אחר, והדמיון כח אחר, ואין אחד מאלה נכנם בגדר חבירו כלל. כי הנה גדר הזכרון - גדר אחד, וגדר הרצון - גדר אחר, ואין הרצון נכנם בגדר הזכרון, ולא הזכרון בגדר הרצון, וכן כלם. אך האדון יתברך שמו איננו בעל כוחות שונים, אף על פי שבאמת יש בו עניינים שבנו הם שונים; כי הרי הוא רוצה, והוא חכם, והוא יכול, והוא שלם בכל שלימות. אמנם אמיתת מציאותו הוא עניין אחד שכולל באמיתתו וגדרו, פירוש אמיתת עניינו, כי אין שייך גדר בו יתברך, אלא על צד היתר, לשון כל מה שהוא שלימות. ונמצא שיש בו כל השלימויות, לא כדבר נוסף על מהותו ואמיתת עניינו, אלא מצד אמיתת עניינו בעצמה שכוללת באמיתה כל השלימויות, שאי אפשר לעניין ההוא מבלתי כל השלימויות מצד עצמו. והנה באמת הדרך הזה רחוק מאד מהשגתנו וציורנו, וכמעט שאין לנו דרך לבארו ומלות לפרשו. כי אין ציורנו ודמיוננו תופס אלא עניינים מוגבלים בגבול הטבע הנברא

ממנו יתברך, שזה מה שחושינו מרגישים ומביאים ציורו אל השכל; ובברואים הנה הענינים רבים ונפרדים. אולם כבר הקדמנו, שאמיתת מציאותו יתברך אינה מושגת, ואין להקיש ממה שרואים בברואים על הבורא יתברך, כי אין עניינם ומציאותם שוה כלל שנוכל לדין מזה על זה. אבל זה גם כן מן הדברים הנודעים בקבלה, כמו שכתבנו, ומאומתים בחקירה על פי הטבע עצמו בחוקותיו ומשפטיו, שאי אפשר על כל פנים שלא ימצא מצוי אחד משולל מכל הטבע חוקות וגבוליו, מכל העדר וחסרון, מכל ריבוי והרכבה, מכל יחס וערך, ומכל מקרי הברואים, שיהיה הוא הסבה האמיתית לכל הנמצאות ולכל המתילד בם; כי זולת זה, מציאות הנמצאות שאנו רואים והתמדתם היה בלתי אפשרי:

**ו.** וממה שצריך שידע עוד, שהמצוי הזה יתברך שמו מוכרח שיהיה אחד ולא יותר. פירוש: שאי אפשר שיימצא מצויים רבים שמציאותם מוכרח מעצמו, אלא אחד בלבד צריך שיימצא במציאות המוכרח והשלם הזה. ואם שיימצאו נמצאים אחרים, לא יימצאו אלא מפני שהוא ימציאם ברצונו, ונמצאים כלם תלויים בו ולא מצויים מעצמם:

ז. נמצא כלל הידיעות השרשיות האלה שש, והם: אמיתת מציאותו יתברך, שלימותו, הכרח המצאו, היותו בלתי נתלה בזולתו, פשיטותו, ויחודו:

## פרק ב - בתכלית הבריאה

**א.** הנה התכלית בבריאה היה להיטיב מטובו יתברך לזולתו. והנה תראה, כי הוא לבדו יתברך שמו השלימות האמיתי המשולל מכל החסרונות, ואין שלימות אחר כמוהו כלל. ונמצא שכל שלימות שידומה חוץ משלימותו יתברך, הנה איננו שלימות אמיתי, אלא יקרא שלימות בערך אל עניין חסר ממנו; אך השלימות בהחלט אינו אלא שלימותו יתברך. ועל כן, בהיות חפצו יתברך להיטיב לזולתו, לא יספיק לו בהיותו מיטיב קצת טוב, אלא בהיותו מיטיב תכלית הטוב שאפשר לברואים שיקבלו. ובהיותו הוא לבדו יתברך הטוב האמיתי, לא יסתפק חפצו הטוב אלא בהיותו מהנה לזולתו בטוב ההוא עצמו שהוא בו יתברך מצד עצמו, שהוא הטוב השלם והאמיתי. והנה מצד אחר, הטוב הזה אי אפשר שיימצא אלא בו. על כן גזרה חכמתו, שמציאות ההטבה האמיתית הזאת יהיה במה שיינתן מקום לברואים לשיתדבקו בו יתברך באותו השיעור שאפשר להם שיתדבקו; ואז נמצא, שמה מצד עצמם אי אפשר שיתוארו בשלימות כשלימותו יתברך, הנה מצד התדבקם בו יגיע להם באותו השיעור שאפשר לתאר בשלימות ההוא יתברך, מצד היותם מתדבקים בו, ויימצאו נהנים בטובה האמיתית ההיא בערך שאפשר להם ליהנות בה. ונמצא היות כונתו יתברך שמו בבריאה שברא, לברוא מי שיהיה נהנה בטובו יתברך באותו הדרך שאפשר שיהנה בו:

**ב.** ואולם גזרה חכמתו, שלהיות הטוב שלם, ראוי שיהיה הנהנה בו בעל הטוב ההוא; פירוש - מי שיקנה הטוב בעצמו, ולא מי שיתלוה לו הטוב בדרך מקרה. ותראה שזה נקרא קצת התדמות, בשיעור שאפשר, אל שלימותו יתברך. כי הנה הוא יתברך שמו שלם בעצמו, ולא במקרה, אלא מצד אמיתת עניינו מוכרח בו השלימות, ומשוללים ממנו החסרונות בהכרח. ואולם זה אי אפשר שיימצא בזולתו, שיהיה אמיתתו מכרחת לו השלימות ומעדרת ממנו החסרונות. אך להתדמות לזה במקצת, צריך שלפחות יהיה הוא הקונה השלימות שאין אמיתת עניינו מכריח לו, ויהיה הוא מעדיר מעצמו החסרונות שהיו אפשריים בו. ועל כן גזר וסידר שייבראו ענייני שלימות וענייני חסרון, ותיברא בריה שיהיה בה האפשרות לשני העניינים בשוה, ויותנו לבריה הזאת אמצעיים שעל ידם תקנה לעצמה את השלימויות ותעדיר ממנה את החסרונות; ואז יקרא שנתדמית במה שהיה אפשר לה לבוראה, ותהיה ראויה לידבק בו וליהנות בטובו:

**ג.** ואמנם, מלבד היות הבריה הזאת שקנתה השלימות ראויה לידבק בבוראה יתברך מצד התדמותה לו, הנה על ידי קנותה

השלימות לה - נמצאת מתדבקת והולכת בו, עד שסוף קנותה השלימות והימצאה מתדבקת בו יהיה הכל עניין אחד. וזה, כי בהיות מציאותו יתברך שמו השלימות האמיתי כמו שביארנו, הנה כל מה שהוא שלימות אינו מתייחס אלא לו, כענף אל השורש; כי אף על פי שאינו מגיע אל השלימות השורשי, הנה המשך ותולדה ממנו הוא. והנה תראה, כי השלימות האמיתי הנה הוא מציאותו יתברך, וכל חסרון אינו אלא העלם טובו יתברך והסתר פניו. ונמצא שהארת פניו יתברך וקרבתו תהיה השורש והסיבה לכל שלימות שיהיה, והסתר פניו - השורש והסיבה לכל חסרון, אשר כשיעור ההסתר כך יהיה שיעור החסרון הנמשך ממנו. ועל כן הנברא הזה, העומד בשיקול בין השלימויות והחסרונות, שהם תולדות ההארה וההסתר, בהתחזקו בשלימויות והקנותם אותם בעצמו - הנה הוא אוחז בו יתברך, שהוא השורש והמקור להם; וכפי מה שירבה בשלימויות, כך הוא מרבה האחיזה וההתדבקות בו, עד שבהגיעו אל חכלית קניית השלימות, הנה הוא מגיע אל תכלית האחיזה וההתדבקות בו יתברך, ונמצא מתדבק בו יתברך ונהנה בטובו ומשתלם בו, והוא עצמו בעל טובו ושלימותו:

**ד.** והנה לשיהיו במציאות העניינים השונים האלה של שלימות וחסרון שזכרנו, ותימצא הבריה שזכרנו בתכונה שהיא צריכה להיות; פירוש, באפשרות לשני העניינים וביכולת עליהם, שיקנה השלימות ויעדר מן החסרונות, ושימצאו לו האמצעיים לדבר הזה, פירוש, לקנות זה השלימות - הנה ודאי שפרטים רבים ושונים צריך שיימצאו בבריאה, ויחסים רבים בין הפרטים האלה, עד שיצלח התכלית המכוון בה. ואולם הבריה אשר התעתדה לעניין הגדול הזה, דהיינו לדביקות בו יתברך כמו שכתבנו, היא תיקרא העיקרית שבכל הבריאה; וכל שאר מה שיימצא במציאות - לא יהיה אלא עוזר באיזה צד או באיזה בחינה אל התכלית לשיצלח ויימצא, ועל כן יקראו טפלים לבריה העיקרית שזכרנו:

ה. אך הבריה העיקרית באמת היא המין האנושי; וכל שאר הנבראים, בין הגבוהים ממנו ובין השפלים ממנו, אינן אלא בעבורו להשלמת ענינו, לפי כל הבחינות הרבות והשונות הראויות לימצא בהם, וכמו שיתבאר עוד לפנים בסייעתא דשמיא. והנה ההשכלה וכל המידות הטובות הם ענייני שלימות שנמצאו להשתלם בם האדם, וענייני החומר ומידות הדעות הם ענייני החסרון שזכרנו, שהאדם מושם ביניהם לקנות לו השלימות:

## פרק ג - במין האנושי

**א.** כבר זכרנו היות האדם אותה הבריה הנבראת לידבק בו יתברך, והיא המוטלת בין השלימות והחסרונות, והיכולת בידו לקנות השלימות. ואולם צריך שיהיה זה בבחירתו ורצונו, כי אילו היה מוכרח במעשיו להיות בוחר על כל פנים בשלימות - לא היה נקרא באמת בעל שלימותו, כי איננו בעליו, כיון שהוכרח מאחר לקנותו, והמקנהו הוא בעל שלימותו, ולא היתה הכונה העליונה מתקיימת. על כן הוכרח שיונח הדבר לבחירתו, שתהיה נטיתו שקולה לשני הצדדין ולא מוכרחת לאחד מהם, ויהיה בו כח הבחירה לבחור בדעת ובחפץ באיזה מהם שירצה, והיכולת גם כן בידו לקנות איזה מהם שירצה. על כן נברא האדם ביצר טוב ויצר רע, והבחירה בידו להטות עצמו לצד שהוא רוצה:

**ב.** ואולם להיות הדבר הזה נשלם כראוי, גזרה החכמה העליונה שיהיה האדם מורכב משני הפכים, דהיינו מנשמה שכלית וזכה, וגוף ארציי ועכור, שכל אחד מהם יטה בטבע לצדו, דהיינו הגוף לחומריות והנשמה לשכליות, ותימצא ביניהם מלחמה; באופן שאם תגבר הנשמה, תתעלה היא ותעלה הגוף עמה, ויהיה אותו האדם המשתלם בשלימות המעותד; ואם יניח האדם שינצח בו החומר, הנה ישפל הגוף ותשפל נשמתו עמו, ויהיה אותו האדם בלתי הגון לשלימות, ונדחה ממנו חס ושלום. ולאדם הזה יכולת להשפיל חומרו לפני שכלו ונשמתו ולקנות שלימותו, כמו שנתבאר:

**ג.** ואמנם גזר טובו יתברך, שיהיה גבול להשתדלות הזה המצטרך לאדם להשיג השלימות, וכשהשלים השתדלותו - ישיג שלימותו וינוח בהנאתו לנצח נצחים. על כן הוחקו לו שני זמנים: אחד זמן העבודה, ואחד זמן קיבול השכר. ואולם מידת הטוב מרובה, שהעבודה יש לה זמן מחוקק, כמו שגזרה חכמתו יתברך היותו נאות לזה; וקיבול השכר אין לו תכלית, אלא לנצח נצחים הוא מתענג והולך בשלימות אשר קנה לו:

**ד.** ואולם כפי התחלף זמניו, כך ראוי שיתחלף מצבו ושאר מקריו. כי כל זמן ההשתדלות, הנה צריך שיהיה בתכונה אחת, שיוכלו לימצא בו כל העניינים המצטרכים לו לפי עניין ההשתדלות הזה. פירוש - כי הנה מוכרח שתימצא לו המלחמה שזכרנו בין השכל והחומר, ולא יהיה לו דבר שיעכב את החומר מלשלוט ולעשות את שלו כפי השיעור הראוי לו, ולא דבר שיעכב את השכל מלשלוט כראוי לו ולעשות את שלו. וכן לא יהיה דבר שיגרום לחומר להתחזק יותר מן הראוי, וגם לא יגרום לשכל להתחזק יותר מן הראוי. כי אף על פי שמצד אחד היה נראה זה יותר טוב, הנה לפי הכוונה האמיתית והעניין הנרצה

באדם, שהוא קניית השלימות בהשתדלותו, איננו טוב. ובזמן קיבול השכר, הנה ראוי לו שיהיה במצב הפכי לזה, כי הנה כל מה שיהיה החומר שולט באותו זמן, הנה לא היה אלא מחשיך ומעכב על הנשמה שלא תתדבק בבורא יתברך, ועל כן הנה ראוי הוא שלא ישלוט אז אלא הנשמה, והחומר יהיה נמשך אחריה לגמרי באופן שלא יעכב על ידה כלל. ואמנם על כן נבראו שני העולמות, עולם הזה ועולם הבא: עולם הזה, המקום והחוקים הטבעיים שלו הם מה שראוי לאדם כל זמן ההשתדלות; העולם הבא, המקום והחוקים שלו הם מה שראוי לו בזמן קיבול השכר:

**ה.** וממה שיצטרך עוד לדעת, שהנה המין האנושי, אין עניינו הראשון כמו שאנו רואים ומבחינים אותו עתה, כי אולם שינוי גדול היה בו; והוא עניין חטאו של אדם הראשון, שנשתנה בו האדם והעולם ממה שהיו בתחילה. ואולם פרטי השינוי הזה ותולדותיהם רבים, ועוד נדבר בם לפנים בסייעתא דשמיא. ונמצא שהדיבור במין האנושי וההבחנה בנשואיו - כפולים, כי ידובר בו ובנשואיו בבחינתו קודם החטא, וידובר בו ובנשואיו בבחינתו אחר החטא, וכמו שנבאר עוד בעזר ה':

**ו.** הנה אדם הראשון בעת יצירתו היה ממש באותו המצב שזכרנו עד הנה. דהיינו שהנה הוא היה מורכב משני החלקים ההפכיים שאמרנו, שהם הנשמה והגוף, ובמציאות היו שני העניינים, הטוב והרע, והוא עומד בשיקול ביניהם להדבק במה שירצה מהם. והנה היה ראוי לו שיבחר בטוב, ויגביר נשמתו על גופו ושכלו על חומרו, ואז היה משתלם מיד, ונח בשלימותו לנצח:

**ז.** וצריך שתדע, שאף על פי שאין אנו מרגישים לנשמה בגוף פעולה אחרת זולת החיות וההשכלה, הנה באמת יש בחוקה שתזכך עצם הגוף וחומרו, ותעלהו עילוי אחר עילוי, עד שיהיה ראוי להתלוות עמה בהנאה בשלימות. ואמנם לדבר זה היה אדם הראשון מגיע אילו לא חטא, שהיתה נשמתו מזככת את גופו זיכוך אחר זיכוך, עד שהיה מזדכך השיעור המצטרך ונקבע בתענוג הנצחי:

**ח.** וכיון שחטא, נשתנו הדברים שינוי גדול. והוא, כי הנה בתחילה היו בבריאה החסרונות שהיו, בשיעור מה שהיה מצטרך לשיהיה אדם הראשון במצב השיקול שזכרנו, ויהיה לו מקום להרויח את השלימות ביגיע כפיו. אמנם על ידי חטאו - נוספו ונתרבו חסרונות בעצמו של אדם ובבריאה כלה, ועוד נתקשה התיקון ממה שהיה קודם. פירוש, כי הנה בתחילה היה נקל לו בצאת מן החסרון המוטבע בו וקנות השלימות, שכך סידרה החכמה העליונה את הדברים על פי מידת הטוב והיושר; כי יען לא היה אדם סיבה לרע ולחסרון שבו, אלא שכך הוטבע בו ביצירתו,

הנה במה שיסיר עצמו מן הרע ויפנה אל הטוב - ישיג מיד צאת מן החסרון וקנות שלימות. אמנם בחטאו, כיון שעל ידו נסתר השלימות יותר משהיה ונתרבו החסרונות, והיה הוא הגורם רעה לעצמו, הנה לא יהיה עוד כל כך קל לו לשוב לצאת מן החסרון ולקנות השלימות כמות שהיה בעת שלא היה הוא גרמת חסרונו אלא שכך נוצר מעיקרו, וכמו שנתבאר. וכל שכן, שבהכרח השתדלותו המצטרך עתה להגיע לשלימות, הנה הוא כפול, כי יצטרך תחילה שישובו האדם והעולם אל המצב שהיו בראשונה קודם החטא, ואחר כך שיתעלו מן המצב ההוא אל מצב השלימות שהיה ראוי לאדם שיעלה:

**ט.** ואולם מלבד כל זה, גזרה מידת דינו יתברך שלא יוכלו, לא האדם ולא העולם, מעתה - הגיע אל השלימות עודם בצורה שנתקלקלה, דהיינו הצורה שיש להם עכשיו, שבה נתרבה הרע; אלא יצטרך להם בהכרח עבור מעבר ההפסד, דהיינו המיתה לאדם, וההפסד לכל שאר ההווים שנתקלקלו עמו. ולא תוכל הנשמה לזכך הגוף, אלא אחר שתצא ממנו תחילה, וימות הגוף ויפסד, ואז יחזור ויבנה בנין חדש ותכנם בו הנשמה ותזככהו. וכן העולם כלו יתחרב מצורתו של עתה, וישוב ויבנה בצורה אחרת ראויה לשלימות. ועל כן נגזר על האדם שימות ויחזור ויחיה, והוא ענין תחיית המתים; ועל העולם שיחרב ויחזור ויחודש, והוא ענין מה שאמרו ז"ל: שיתא אלפי שנה הוי עלמא וחד חרוב, ולסוף אלף שנה הקב"ה חוזר ומחדש את עולמו:

**י.** והנה לפי שורש זה, זמן הגמול האמיתי, דהיינו זמן קיבול השכר שזכרנו למעלה, ומקומו - הוא אחר התחיה בעולם שיתחדש, והאדם יהנה בו בגופו ובנשמתו, בהיות גופו מזוכך על ידי נשמתו ומוכן על ידה להיות נהנה בטוב ההוא. ואולם יבחנו שם האנשים ותתחלף מדריגתם ומעלתם כפי השיעור מה שטרחו בעולם העבודה, וכפי מה שהשתדלו להשיג מן השלימות. כי כפי שיעור זה תזדהר הנשמה בעצמה, ותאיר בגוף ותזככהו, ויקנו שניהם יקר ומעלה, ויהיו ראויים להתקרב אל האדון ברוך הוא, וליאור באור פניו וליהנות בטובו האמיתי:

**יא.** ואמנם בהיות שנגזרה המיתה על האדם וכמו שנתבאר, ונמצא שהמורכב הזה צריך שיפרד לזמן מה, ואחר ישוב להתחבר — הנה גם בזמן הפירוד הזה ראוי שיהיה מקום לשני החלקים המתפרדים, נאות למה שנרצה לפירוד ההוא. והנה הגוף צריך שיחזור ליסודו ותיפרד הרכבתו ותיפסד צורתו; והואיל והיה מן העפר, אליו ישוב, והוא מה שאמר יתברך שמו לאדם: "כי עפר אתה ואל עפר תשוב". אך הנשמה הזוכה במעשיה, הנה אין לה אלא לצפות עד שייעשה בגוף מה שצריך ליעשות, דהיינו ההתכה וההפסד

בראשונה, וההשאר בעפר כל הזמן שצריך, וההבנות מחדש אחר כך לשתשוב ליכנס בו. ואמנם צריך שיהיה לה מקום בין כך ובין כך. ואולם לצורך זה הוכן עולם הנשמות, שבו תיכנסנה הנשמות הזוכות אחרי צאתן מהגוף, ותשבנה שם במקום מנוחה כל זמן התגלגל על הגוף העניינים הראויים להתגלגל עליו. והנה כל הזמן ההוא תשכונה הנשמות ההן במעלה ובתענוג, מעין מה שינתן להן אחר כך בזמן הגמול האמיתי שזכרנו למעלה. כי גם מעלתו בעולם הנשמות ודאי שימדד לפי המעשים שעשו, שלפיהן ימדד גם הגמול אחרי כן בזמנו. אך השלימות האמיתי המעותד לזוכים לו, לא ישיגוהו לא הגוף ולא הנשמה, אלא בהתחברן שנית אחר התחיה:

**יב.** ואולם מלבד היות עולם הנשמות מקום לנשמות לשבת בו כל זמן היותן מצפות לגוף, כמו שכתבנו, הנה עוד תועלת גדול נמצא בו לנשמות עצמן ואחריהן לגוף, למה שיצטרך אחר כך בזמן התחיה. וזה, כי אחר שהיתה הגזירה על האדם שלא יגיע לשלימות אלא אחרי המות, אף על פי שכבר נראה לו מצד מעשיו עודנו חי, כי זולת זה לא היה מגיע לו מעולם, שהרי אין זמן קניית השלימות אלא בעולם הזה טרם המוות, וכמו שנתבאר; עוד נמשך מן הגזירה הזאת, שהנשמה כל זמן היותה בגוף בעולם הזה שהרע דבוק בו, שאי אפשר שיפרד ממנו לגמרי, תהיה גם היא חשוכה ועמומה. ואף על פי שעל ידי המעשים הטובים שהאדם עושה קונה היא בעצמה שלימות יקר, לא יוכל הדבר להיגלות, ולא תוכל להזדהר בזוהר שהיה ראוי לה להזדהר כפי היקר ההוא שהיא משגת באמת, אלא הכל נשאר כבוש בעצמותה עד הזמן שינתן להיגלות. ואולם אין העכבה מצידה כלל, כי אם מצד הגוף, כמו שנתבאר. והוא עצמו מפסיד בזה, שלא יקבל כל אותו הזמן הזיכוך שהיה ראוי שיקבל, כמו שנתבאר. אמנם גם היא מפסדת, שהיא כבושה בעצמה ואינה יכולה לפשט זהריה. ועוד, שאינה פועלת הפעולה הראויה לה, שהיא זיכוך הגוף. ואילו היתה פועלת אותה, היתה משתלמת בזה שלימות גדול מצד מהות הפעולה עצמה, שהרי פעולת שלימות היא היות מיטיב ומשלים זולתו. ועוד, שזאת היא הפעולה הנאותה לה לפי מבעה וחוקה, שלכך נוצרה; וכל נברא משתלם כשפועל מה שחקק לו בוראו יתברך שיפעל, וחסר משלימות כל זמן שלא יפעלהו. ואמנם בצאת הנשמה מהגוף ולכתה אל עולם הנשמות, הנה שם מתפשטת ומזדהרת בזהריה כפי מה שראוי לה על פי מעשיה, ובמה שהיא משגת שם כל זמן היותה שם, מתחזקת ממה שנתחלשה בגוף, ומזדמנת יותר למה שראוי שתעשה בזמן

התחיה, עד שכשתשוב בגוף בזמן הראוי, תוכל לפעול בו הפעולה הנאותה לה, דהיינו הזיכוך שזכרנו:

**יג.** ואולם צריך שתדע, כי גם עתה בהיכנס הנשמה בגוף העובר, אף על פי שלא קנתה עדיין שלימות במעשיה, הנה מצד יקרה וזוהרה העצמי היה ראוי שתתן זיכוך גדול לחומר, עד שיהיה יוצא מגדר המין האנושי. אמנם גזירתו יתברך כובשת אותה ומעלמת כחה וממעטת זוהרה, באופן שלא ימשך ממנה ענין זה; אבל תשב שמה לוטה בעצמה, באותו השיעור המצטרך לפי הכונה העליונה, ופועלת בגוף באותו הסדר והשיעור הנרצה מחכמתו יתברך. והנה כפי מעשיה הטובים שעושה והולכת, היה לה להתפשט ולהזדהר, כמו שכתבנו, ואז היה מגיע ממנה הזיכוך לגוף; ואמנם לפי הגזירה שביארנו למעלה, לא יתכן לה זה אלא בהיותה בעולם הנשמות. אכן בשובה בגוף אחר התחיה, לא תתמעט ולא תתעלם, אלא תכנס בכל זהריה ובכל כחה, ואז מיד תזכך את הגוף ההוא זיכוך גדול, ולא יצטרך לו הגידול מעט מעט שצריך עתה לילדים, אלא מיד בשעתו תאיר בו, ומיד תזככהו זיכוך גדול. ואמנם לא ימנע זה שיהיו לגוף ולנשמה יחד עילויים אחר עילויים. אבל העניין הוא, שמיד בבוא הנשמה בגוף יהיה האדם ההוא יקר ונעלה, וגופו יקבל מיד זיכוך ראשון, יתעלה בו מכל מה שהיה כל ימי חייו הראשונים. ויהיה הזיכוך ההוא כפי כל המעשים הטובים שעשה כבר, וישים אותו במדריגה שראוי לו להיות בין הזוכים ליהנות בשלימות. ואחר כך יתעלו שניהם עילויים אחר עילויים, כפי מה שראוי למי שהוא במדריגה ההיא:

## פרק ד - במצבו של האדם בעולם הזה והדרכים שלפניו

**א.** במצבו של האדם בעוה"ז יבחנו שני ענינים, תכונת עצמו של האדם בחלקיו והרכבתם, והמקום אשר הוא מושם בו בכל מה שמתלוה לו:

**ב.** בענין האדם עצמו, הנה כבר זכרנו איך הוא מורכב אחד שנתרכבו בו שני הפכים, דהיינו הנשמה והגוף. ואולם הנה אנחנו רואים בעינינו שהחומריות ראשוניי בו ותולדותיו חזקות בו מאד, כי הנה מיד אחר לידתו, כמעט כלו חמרי, ואין השכל פועל בו אלא מעט, וכפי התגדלו ילך השכל הלוך וחזק בכל אחד כפי ענינו, ועל כל פנים לא יסור החומריות ממשול בו ומהטות אותו אל עניניו, אלא שאם יגדל בחכמה וילומד בה ויתחזק בדרכיה, הנה יתאמץ לכבוש את טבעו, ולא ישלח רסן תאוותיו מידו, ויתעצם ללכת בהליכות השכל. ואולם תוכיות הענינים האלה שאנו רואים, הנה הוא, שבמציאות החומר ועצמותו נמצא העכירות והחשך בטבע, והוא מציאות רחוק מאד והפכי, למה שהוא הענין באמת לקרבים אל האל ית' ומתדבקים בקדושתו. והנשמה עצמה אע"פ שבעצמה היא זכה ועליונה, הנה בהכנסה בגוף החומרי והסתבכה בו, נמצאת גרושה ודחויה מענינה הטבעי אל ענין הפכי לו, וכבושה בו בכח מכריח, לא תוכל לצאת ממנו אלא אם כן תתאמץ בכח חזק מן הכח המכריחה. ובהיות שגזר האדון ב"ה שהרכבה זו של גוף האדם ונשמתו לא תפרד מעולם פירוש - כי פירוד המיתה אינו אלא דבר לפי שעה עד תחית המתים, אך אחר כך צריכה לשוב לגוף ושניהם יתקיימו יחד לנצח נצחים הנה מוכרח שתשתדל הנשמה ותתחזק, ותהיה הולכת ומחלשת את כח חשך החומריות, עד שישאר הגוף בלתי חשוך, ואז יוכל להתעלות הוא עמה וליאור באור העליון, תחת מה שהיתה מתחשכת ונשפלת היא עמו בתחלה. ואולם האדם בעוה"ז, הוא במצב אחד שהחומר חזק בו וכמ"ש, ובהיות החומר עכור וחשוך, נמצא האדם בחשך גדול, ורחוק מאד ממה שראוי לו שיהיה להיות מתדבק בו ית'. ואמנם בזה צריך שישים השתדלותו, לחזק את נשמתו נגד כח חמרו, ולהיטיב את מצבו, להעלות עצמו מעילוי עד השיעור הראוי לו:

**ג.** והמקום אשר הוא בתוכו גם הוא חמרי וחשוך, וכל הנמצאים שבו חמריים, והעסק של אדם בו ובמלואו אי אפשר שיהיה אלא עסק חמרי וגופני, כיון שכלם חומריים וגופנים. ותכונתו של האדם עצמו והרכבת חלקיו מכריחים לו העסק הזה, כי אי אפשר לו מבלי אכילה ושתיה ושאר כל הענינים הטבעיים, ואי אפשר לו מבלי הון וקנין לשיוכל להשיג צרכיו אלה. ונמצא שבין מצד גופו של האדם, בין מצד

עולמו, ובין מצד עסקו, הוא טבוע בחומר ומשוקע בחשכו, ועמל גדול והשתדלות חזק יצטרך לו להתעלות אל מצב זך מזה, והוא מוכרח בטבעו בענינים החומריים האלה:

**ד.** ואולם מעומק עצת חכמתו ית' היה לסדר הדברים באופן, שאף בהיות האדם שקוע בחומר בהכרח כמו שכתבנו, יוכל מתוך החומר עצמו והעסק הגופני, השיג את השלימות והתעלות אל הזוך ואל המעלה, ואדרבא, השפלתו תהיה הגבהתו, ומשם יקנה יקר וכבוד שאין כמוהו, בהיותו הופך את החשך לאור ואת הצלמות לנוגה יזרח. וזה כי שם ית"ש גבולות וסדרים לאדם בתשמיש שישתמש מהעולם ובריותיו, ובכונה שיתכון בהם, אשר בהשתמש מהם האדם באותם הגבולות ובאותם הסדרים ובאותה הכונה שצוה הבורא ית', יהיה אותו הפועל הגופני וחמרי עצמו פועל שלימות, ובו יתעצם באדם מציאות שלימות ומעלה רבה, יתעלה בו ממצבו השפל ויתרומם ממנו. ואולם השקיפה החכמה העליונה על כל כללי החסרונות המוטבעים בענינו של האדם, ועל כל עניני המעלה והיקר האמיתי המצטרכים לו להיות ראוי לשיהיה מתדבק בו ית' ונהנה בטובו, וכנגד כל זה סידר לו סדרים והגביל לו גבולות, אשר בשמרו אותם, יתעצם בו כל מה שצריך מן המעלה האמיתית שזכרנו, וישולל מענינו כל מה

שהוא הרחקה מן הדביקות העליון. ואלו לא היתה הגזירה גזורה שימות כמו שכתבנו לעיל, על ידי המעשים האלה היתה הנשמה מתחזקת וחשך הגוף מתחלש, באופן שהיה מזדכך על ידה זיכוך גמור, ומתעלים שניהם אל הדביקות בו ית'. ולפי שהגזירה גזורה, אין הדבר נעשה בפעם אחת, אך על כל פנים מתחזקת הנשמה בעצמה, והגוף מזדכך בכח אע"פ שאינו נעשה בפועל, וקונה האדם מצב שלימות בכח שיצא אחר כך לפועל בזמן הראוי לו:

**ה.** אך הסדרים והגבולות האלה, הנה הם כלל המצות העשין והלאוין, אשר כל אחת מהם מכוונת אל תכלית הקנות באדם והעצים בו אחת ממדרגות המעלה האמיתית שזכרנו, והסרת אחד מעניני החשך והחסרונות, על ידי פועל המצות עשה ההיא, או המניעה מן הלא תעשה. ואולם פרט המצות כלם, וכן פרטי כל מצוה ומצוה, הנה הם מיוסדים על אמתת מציאותו וענינו של האדם בכל בחינותיו, ואמתת עניני השלימות המצטרכים, כל דבר בתנאיו וגבוליו מה שצריך להשלמתו. ואמנם החכמה העליונה שיודעת כל זה לאמתו, ויודעת כל עניני הברואים כלם ושימושיהם כמו שבראתם באמת, השקיפה על הכל, וכללה כל המצטרך, במצות שצונו בתורתו, וכמו שכתוב, ויצונו ה' לעשות את כל החוקים וכו' לטוב לנו וכו':

19

**ו.** והנה שרש כל ענין העבודה הוא, היות האדם פונה תמיד לבוראו. והוא שידע ויבין שהוא לא נברא אלא להיות מתדבק בבוראו, ולא הושם בזה העולם אלא להיות כובש את יצרו ומשעבד עצמו לבוראו בכח השכל, הפך תאות החומר ונטיתו, ויהיה מנהיג את כל פעולותיו להשגת התכלית הזה ולא יטה ממנו:

**ז.** אך ההנהגה הזאת מתחלק לשני חלקים, הא', הוא במה שיעשה מפני שצוה בו, והב', במה שיעשה מפני שהוא מוכרח בו וצריך, פירוש - הא' הוא כלל מעשה המצות, והב' כלל מה שהאדם משתמש מן העולם לצורכו. מעשה המצות, הנה תכלית בו לאדם שיעשהו מבואר הוא, שהוא לקיים מצות בוראו ולעשות חפצו, והנה הוא מקיים חפצו ית' בזה, בשני דרכים נמשכים זה מזה, והיינו כי הוא מקיים חפצו במה שצוהו שיעשה המעשה ההוא והוא עושהו. והשנית, כי הנה במעשה ההוא הנה הוא משתלם באחת ממדריגות השלימות שהיא תולדת המצוה ההיא וכמ"ש, והנה מתקיים חפצו ית', שהוא חפץ שיהיה האדם משתלם ומגיע ליהנות בטובו ית'. אכן מה שהאדם משתמש מן העולם לצרכו, הנה צריך תחלה שיהיה מוגבל בגבול רצונו ית', דהיינו שלא יהיה בו דבר ממה שמנעו ואסרו האל ית'. ושלא יהיה אלא הראוי לבריאות הגוף וקיום חיותו על הצד היותר טוב, ולא כפי נטית החומר ותשוקתו למותרות. ויהיה הכונה בו, להיות הגוף מוכן ומזומן לשתשתמש ממנו הנשמה לצורך עבודה בוראו, שלא תמצא לה עיכוב בהעדר הכנתו וחולשתו. וכשיהיה האדם משתמש מן העולם על הדרך הזה, הנה ימצא התשמיש ההוא בעצמו פועל השלימות כמ"ש, ויקנה בו מעלה אמיתית כמו שיקנה במעשה כל המצות כלן, כי גם זה מצוה עלינו, לשמור את גופנו בהכנה הגונה לשיוכל לעבוד בו את בוראנו, ונשתמש מהעולם לכונה זו ולתכלית זה כפי המצטרך לנו, ונמצינו אנחנו מתעלים במעשה הזה, והעולם עצמו מתעלה בזה בהיותו עוזר לאדם לשיעבוד את בוראו:

**ח.** והנה ממה שצריך שיגביר האדם בעצמו, הוא האהבה והיראה לבוראו ית'. והיינו שיהיה מתבונן על גודל רוממותו ית', ועוצם שפלות האדם, ויכניע עצמו לפניו ית', ויבוש מרוממותו. ויהיה חושק ומתאוה להיות מן העובדים לפניו, להתהלל בתהלתו ולהשתבח בגדולתו. כי אלה הם אמצעיים חזקים המתקרבים האדם אל בוראו, המזככים את חשך החומר ומזהירים זהרי הנשמה, ומעלים את האדם מעילוי לעילוי עד שישיג קרבתו ית':

**ט.** ואמנם אמצעי אחד נתן לנו האל ית', שמדריגתו למעלה מכל

שאר האמצעיים המקרבים האדם אליו, והוא תלמוד התורה. והוא בשתי בחינות, הא' - בבחינת ההגיון והלימוד, והב' - בבחינת ההשכלה. כי הנה רצה בחסדו ית' וחיבר לנו חיבור דברים כמו שגזרה חכמתו, ומסרם לנו, והיינו כלל ספר התורה, ואחריו ספרי הנביאים, שבסגולת הדברים ההם יהיה, שמי שיהגה בהם בקדושה ובמהרה, על הכונה הנכונה שהיא עשית חפצו ית', יתעצם בו על ידם מעלה עליונה ושלימות גדול עד מאד. וכן מי שישתדל בהבנתם ובידיעת מה שמסר לנו מפירושיהם, יקנה כפי השתדלותו שלימות על שלימות. כל שכן אם יגיע אל השכלת מתריהם ורזיהם, שכל ענין מהם שישכיל יוקבע ויתעצם בנשמתו מדריגה מן המדריגות היותר רמות שבמעלה והשלימות האמתי. ובכל אלה הענינים לא די מה שקונה האדם בעצמו מעלה ושלימות, אלא שמציאות הבריאה כלה בכללה ובפרטה מתעלה ומשתלם, ובפרט על ידי התורה:

**י.** ואולם סבת כל מצבי האדם חשכתו ובהירותו, הנה היא הארת פניו ית' אליו, או התעלמו ממנו וכמש"ל. כי הנה כל מה שהאדון ב"ה מאיר פניו, מתרבה הזוך והשלימות במי שהגיע לו הארתו, וכפי שיעור ההארה כך הוא שיעור השלימות והזוך הנמשך ממנה, והפך זה, ההעלם. ואמנם האדון ב"ה מאיר תמיד למי שיתקרב אליו, ואין מניעת טוב מצדו כלל, אלא מי שלא יתקרב אליו יחסר הארתו, והמניעה מצד המקבל לא מצד המשפיע. והנה גזרה החכמה העליונה, שהעושה אותם הענינים שצוה, דהיינו כלל כל המצות כלן כמש"ל, בכל מעשה מהן שיעשה, יהיה מתקרב על ידו מדריגה מה ממדריגות הקורבה אליו ית', ותגיע לו על ידי זה מדריגה מה ממדריגות הארת פניו, כפי הקורבה שנתקרב לו, ויתעצם בו מדריגה מן השלימות, שהיא תולדת מדריגת ההארה ההיא, והפך זה העבירות, כל מעשה מהן שיעשה האדם ח"ו, הנה יתרחק על ידו ממנו ית' מדריגה מה, ויתוסף עליו על ידי זה מדריגה ממדריגות העלם הארתו, ית' והסתר פניו, ויתעצם בו על ידי זה מדריגה מן החסרון שהיא תולדת מדריגת ההעלם ההוא:

**יא.** נמצא לפי כל מה שהקדמנו, שהכונה באמת בכל המצות תהיה אליו ית', להתקרב לו וליאור באור פניו. והמניעה מן העבירות, להמלט מן ההתרחק ממנו, וזה התכלית האמיתי שבהן. אך הענינים בפרט יש בהם עומק גדול, כפי פרטי עניני האדם והבריאה וכמש"ל, ונדבר עוד בקצת מהם בחלק בפני עצמו בעזר האל ית':

## פרק ה - בחלקי הבריאה ומצביהם

**א.** חלקי כלל הבריאה שנים, גשמיים ורוחניים. הגשמיים, הם המורגשים מחושינו, ומתחלקים לעליונים ותחתונים. העליונים, הם כלל הגרמיים השמימיים, דהיינו הגלגלים וכוכביהם. התחתונים, הם כלל מה שבחלל הגלגל התחתון, דהיינו הארץ והמים והאויר, וכל מה שבהם מן הגופים המורגשים. הרוחניים, הם נבראים משוללים מגשם, בלתי מורגשים מחושינו, ומתחלקים לשני מינים, האחד נשמות, והשני נבדלים. הנשמות, הם מין נבראים רוחניים, התעתדו לבא בתוך גוף, ליגבל בתוכו וליקשר בו בקשר אמיץ, ולפעול בו פעולות שונות בזמנים שונים. הנבדלים, הם מין נבראים רוחניים, בלתי מעותדים לגופות כלל, ונחלקים לשני חלקים, הא' נקרא כחות, והב' מלאכים. וגם הם ממעלות רבות ושונות, ולהם חוקים טבעיים במציאותם כפי מעלותיהם ומדריגותם, עד שבאמת נוכל לקרותם מינים רבים של סוג א', שהוא הסוג המלאכיי. ואולם נמצא מין אחד של נבראים שהוא כמו אמצעי בין רוחני וגשמי, והיינו שבאמת אינו מורגש מחושינו, וגם אינו נגבל בכל גבולי הגשם המורגש וחוקו, ומצד זה נקראהו שלא בדקדוק רוחני, אבל נבדל בענינו מן הסוג המלאכיי, אע"פ שיתדמה לו באיזה בחינות, ויש לו חוקים פרטיים וגבולים מיוחדים כפי מציאותו באמת, ונקרא זה המין השידיי, שהוא מין השדים, ואולם גם הוא יתחלק לפרטים אחרים, שישוב המין הכללי סוג לגביהם והם מינים אליו. והנה נבחן ונבדל מין האדם לבדו, להיות מורכב משני מיני בריאה נבדלים לגמרי, דהיינו הנשמה העליונה והגוף השפל, מה שלא נמצא בשום נברא אחר. וכאן צריך שתזהר שלא תטעה לחשוב שיהיה ענין שאר הבעלי חיים כענין האדם, כי אין נפש הבעלי חיים אלא דבר גשמי מן הדקים שבגשמיות, ומענינו נמצא גם כן באדם, בבחינת היותו בעל חי, אמנם זולת כל זה יש באדם נשמה עליונה, שהוא מין בריאה בפני עצמו, נבדל מן הגוף לגמרי ורחוק ממנו עד מאד, שבאה ונקשרת בו בגזירתו ית', על הכונה שזכרנו בפרקים שקדמנו:

**ב.** הנבראים הגשמיים ידועים הם אצלנו, וחוקותיהם ומשפטיהם הטבעיים בכללם מפורסמים. אך הרוחניים אי אפשר לנו לצייר ענינם היטב, כי הם חוץ מדמיוננו, ונדבר בהם ובעניניהם רק כפי המסורת שבידנו. והנה מן העיקרים הגדולים שבידנו בענין זה הוא, שכנגד כל מה שנמצא בנמצאים השפלים, נמצאים למעלה כחות נבדלים, שמהם משתלשלים ויוצאים בסדר אחד של השתלשלות שגזרה חכמתו ית', השפלים האלה, הם

ומקריהם, ונמצאים הכחות ההם שרשים לנמצאים השפלים האלה, והנמצאים השפלים ענפים ותולדות לכחות ההם, ונקשרים זה בזה כטבעות השלשלת. עוד מסורת בידנו, שעל כל עצם וכל מקרה שבנמצאים השפלים האלה, הופקדו פקידים מן הסוג המלאכיי שזכרנו למעלה, ומשאם לקיים העצם ההוא או המקרה ההוא בנמצאות השפלות כפי מה שהוא, ולחדש מה שראוי להתחדש בשפלים כפי הגזירה העליונה:

**ג.** ואמנם עיקר מציאות העולם ומצבו האמיתי, הוא בכחות ההם העליונים, ותולדת מה שבהם, הוא מה שבגשמים השפלים. וזה בין במה שמתחלת הבריאה, ובין במה שמתחדש בהתחלפות הזמנים. והיינו כי כפי מה שנברא מן הכחות ההם וכפי הסידור שנסדרו והגבולים שהוגבלו, כך היה מה שנשתלשל אחר כך, לפי חק ההשתלשלות שרצה בו הבורא ית"ש, וכפי מה שנתחדש ומתחדש בהם, כך הוא מה שנתחדש ומתחדש בשפלים. אכן המציאות, המצב, והסדר, וכל שאר ההבחנות בכחות, הם כפי מה ששייך בהם לפי אמתת ענינם, והמציאות והמצב והסדר, וכל שאר המקרים בשפלים, משתלשל ונעתק למה ששייך בהם לפי אמתת ענינם:

**ד.** והנה לפי שרש זה, תחלת כל ההויות, למעלה בכחות העליונים, וסופם למטה בשפלים, וכן תחלת כל הענינים המתחדשים, למעלה, וסופם למטה. אמנם פרט אחד יש שיוצא מן הכלל הזה, והוא מה שנוגע לבחירתו של האדם. כי כיון שרצה האדון ית"ש שיהיה היכולת לאדם לבחור במה שירצה מן הטוב ומן הרע, הנה עשהו בלתי תלוי בזה בזולתו, ואדרבא נתן לו כח להיות מניע לעולם עצמו ולבריותיו כפי מה שיבחר בחפצו. ונמצאו בעולם שתי תנועות כלליות הפכיות, הא' - טבעית מוכרחת, והב' - בחיריית, הא' מלמעלה למטה, והב' מלמטה למעלה. המוכרחת היא התנועה שמתנועעים השפלים מהכחות העליונים, והנה היא מלמעלה למטה, הבחיריית היא מה שהאדם מניע בבחירתו. והנה מה שהוא מניע אי אפשר שיהיה אלא גשם מן הגשמים, כי האדם גשמי ומעשיו גשמיים, אבל מפני הקשר וההצטרפות הנמצא בין הכחות העליונים והגשמים, הנה בהתנועע הגשמי יגיע בהמשך ההתפעלות אל הכח העליון שעליו, ונמצאת התנועה הזאת מלמטה למעלה, הפך הטבעית המוכרחת שזכרנו. ואולם צריך שתדע, כי גם האדם עצמו אין כל מעשיו בחיריים, אבל יש מהם שיהיו מצד בחירתו, ויש אחרים שיסובב להם מצד גזירה עליונה לשכרו או לענשו וכמ"ש במקומו בס"ד. ואולם במה שהוא נמשך אחר הגזירה שעליו, יהיה משפטו כשאר עניני העולם, שתנועתם מלמעלה למטה כפי מה שינועעום

הכחות העליונים. ובמה שמצד בחירתו, תהיה תנועתו מלמטה למעלה וכמו שביארנו:

**ה.** והנה סידר האדון ב"ה, שכל הענינים אשר תפול בהם בחירתו של האדם, יגיעו להניע בתנועה הבחיריית את הכחות ההם, באותו השיעור והמדריגה שחקק להם. והיינו כי לא מעשיו לבדם יניעום, אלא אפילו דיבורו ואפילו מחשבתו. אך שיעור התנועה ומדריגתה, לא יהיו אלא באותו הגבול שגזרה והגבילתה החכמה העליונה:

**ו.** ואמנם אחר התנועה הבחיריית תמשך בהכרח תנועה מוכרחת, כי כיון שהתנועעו הכחות העליונים מצד האדם, הנה יחזרו וינועעו בתנועה הטבעית את השפלים המשתלשלים מהם. ואולם יש בכל הענינים האלה חוקים פרטיים רבים, כפי מה שגזרה החכמה העליונה בעומק עצתה היותו נאות לבריאתו, ושוערו הדברים בשיעורים רבים, בין בהגעת התנועה מהאדם לכחות, בין בהגעת התנועה מהכחות לשפלים. ועל פי הרזים העמוקים האלה סובבים כל גלגולי הנהגתו ית' בכל מה שהיה ושיהיה:

**ז.** והנה בהיות שגזרה חכמתו ית' שיהיה בעולם מציאות הטוב והרע כמ"ש, הנה תחלת ענין זה צריך שיהיה בכחות האלה השרשיים ואחריהם ימשך הדבר בשפלים. והנה סידרה חכמתו ית' את הכחות הנבדלים שרשי הנבראים שזכרנו, בסדר ובתכונה, שיפול בהם כפי מה ששייך בהם תיקון וקלקול, והיינו שימצא בהם מצב טוב ולא טוב. ואמתת טוב המצב יהיה, שיהיו בהכנה ליאור באור פניו ית', ויאיר להם, והפכו, שתחסר מהם ההכנה הזאת ויתעלם מהם. ותולדת תיקונם בשפלים הוא הטוב בהם, וההפך בהפך:

**ח.** וצריך שתדע כי הנה אע"פ שבאמת סבת כל עניני הטוב בכל מקום שהם, פירוש - בין בכחות בין בתולדותיהם, הנה היא הארת פניו ית' כמ"ש, וסבת הרע בכל מקום שהוא, העלם הארתו, אמנם לטוב יתואר האדון ב"ה בשם סבה ממש לכללו ולפרטיו, אך לרע לא נתארהו ית"ש סבה ממש, כי אמנם "אין הקב"ה מיחד שמו על הרעה", אלא העלם אורו והסתר פניו יחשב לשורש לו, כי זהו סבתו באמת, וזה על צד העדר הטוב. אבל לפרטי עניניו במציאותם, הנה האדון ב"ה שהוא כל יכול ואין לחפצו מניעה ולא ליכולתו גבול כלל, ברא שרש ומקור פרטי, מכוון בו התכלית הזה של הוצאת פרטי עניני הרע, כפי מה ששיערה החכמה העליונה היותו מצטרך למצב הנרצה באדם ובעולם. והוא מה שאמר הכתוב, יוצר אור ובורא חשך עושה שלום ובורא רע. וענין השורש הזה הוא כלל כחות שונים, ישתלשלו מהם עניני החסרון והרעות כלם בכל בחינותיהם, בין מה שנוגע לנפש

בין מה שנוגע לגוף, בכל פרטיהם למחלקותם, ועוד נדבר מזה בחלק הב' בס"ד. והנה כלל הכחות האלה מתנהג לפעול או שלא לפעול, בין בכלו בין בחלקיו, אחר העלם אורו ית' והסתר פניו, כי כפי שיעור ההעלם, כך בשיעור זה תנתן שליטה וממשלה אל כלל הכחות האלה, או אל חלקים ממנו שיפעלו. והנה בהתגבר הכחות האלה ובמשלם, יוכחש כח הטוב, ויתקלקל מצב הכחות שרשי הנבראים שזכרנו, ויתחלשו הם וענפיהם, וכשיוכנעו הכחות האלה ותנטל מהם השליטה והפעולה, יגבר הטוב, ויתוקנו שרשי הנבראים ויתיצבו במצב הטוב ויתחזקו הם וענפיהם. ואולם כל מה שזכרנו מעניני הטוב והרע, ומלחמת השכל והחומר, וכל עניני תיקון וקלקול, שרש כל הענינים כלם, הם התגברות הכחות האלה, והגיע ענינם ותולדתם בנבראים, בשרשים או בענפים, או הכנעתם וביטול פעולתם, והסיר ענינם ותולדותם מן הנבראים, שרשים וענפים:

**ט.** והנה חילוקי מדריגות הרבה יש בענין כחות הרע שזכרנו והנשפע מהם. ובדרך כלל נקרא לנשפע מהם, טומאה, חשך, וזוהמא, או חול, וכיוצא. ולנשפע מהארת פניו ית' נקרא, קדושה, וטהרה, אור, וברכה, וכיוצא בזה. אבל בהבחנת פרטי הענינים, נבחין מיני הסוגים האלה ופרטיהם, שעליהם סובבת כל ההנהגה שהאדון ב"ה מנהג את עולמו:

**י.** ואמנם הנה לכל ענין מענינים אלה, נמצאו פקידים ממונים מסוג המלאכיי שביארנו למעלה, להוציא הדברים לפועל עד הגשמיות, אם לטוב ואם למוטב. והנה הם משרתיו ית' עושי דברו, שכן רצה וסידר, שתהיינה גזירותיו יוצאות למעשה על ידי מלאכיו, כפי מה שהפקידם וסדר בידם:

## פרק א - בעניין השגחתו יתברך בכלל

**א.** ידוע ומבואר הוא, שכל הנבראים כלם שנבראו, בין העליונים ובין התחתונים, הנה נבראו לפי שראתה בהם החכמה העליונה צורך ותועלת למה שהוא התכלית הכללי של הבריאה; וכל חוקותיהם ומשפטיהם הטבעיים הוחקו והוטבעו כפי מה שגזרה החכמה העליונה היותו נאות, לפי הכוונה בנברא ההוא.

ואולם מאותו הטעם עצמו שנבראו, ראוי גם כן שיתקיימו כל זמן היות בם תועלת לכלל הבריאה כמו שזכרנו; ועל כן האדון ברוך הוא, שברא כל הנבראים האלה, לא ימנע גם כן מלהשגיח עליהם, לקימם באותו המצב שהוא רוצה אותם בו.

**ב.** ואולם, כבר הקדמנו בחלק הראשון פרק חמישי, שתְחִלַת הנבראים כולם הם הכחות הנבדלים, ומהם משתלשלים הגשמים, והדברים בגשמים בכל פרטיהם הנה הם כפי מה שנעתק אליהם מן הכחות ההם בפרטי בחינותיהם, ואין דבר קטן או גדול בגשמיים שלא יהיה לו סיבה ושורש בכחות הנבדלים, כפי בחינותיהם; והאדון ברוך הוא הנה הוא משגיח על כל אלה הענינים, כפי מה שבראם, דהינו על הכחות הנבדלים בראשונה, ועל כל השתלשלותם כפי מה שהוא באמת, וכן הוא משגיח גם כן על הפקידים שהפקיד על הנמצאות כמו שזכרנו שם, לקיים אותם ואת פקודתם, להתמיד להם הכח שיפעלו פעולתם.

**ג.** ואמנם בהיות שנשתנה המין האנושי מכל שאר המינים - שנתנה לו הבחירה והיכולת במה שהוא לו קניית השלמות או החסרון - ונמצא בבחינה זו פועל ומניע, ולא נפעל - גם ההשגחה עליו, מוכרח שתשתנה מההשגחה על שאר המינים; כי הנה יצטרך להשגיח ולהשקיף על פרטי מעשיו, להמציא לו כדרכיו וכפרי מעלליו; ונמצא שיושגחו מעשיו כולם ותולדותיהם, וישוב ויושגח עליו כפי הראוי לתולדות המעשים ההם, בפרט, ומידה כנגד מידה, כמו שזכרנו לפנים; וזה ממה שאין שייך בשאר המינים, שאישיהם נפעלים ולא פועלים, ואינם אלא כפי מה שראוי לתשלום המין ההוא, כפי מה שהושרש בשורשו, שהנה תהיה ההשגחה לקיים השורש ההוא וענפיו, כפי מה שטבע וחק השורש נותן שיהיה; אבל המין האנושי, שאישיו פועלים ומניעים כמו שזכרנו, הנה צריך שיושגחו בפרט, כפי מה שיגרמו להם מעשיהם, לא פחות ולא יותר. ועוד נרחיב באור הדבר הזה לפנים בסיעתא דשמיא.

## פרק ב - במקרי המין האנושי בעולם הזה

**א.** הנה כבר הקדמנו היות תכלית בריאת המין האנושי לשיזכה ויגיע לטוב האמיתי, שהוא ההדבקות בו ית' לעוה"ב, ונמצא שסוף כל גלגוליו הנה הוא המנוחה לעוה"ב. אמנם גזרה החכמה העליונה היות ראוי ונאות, שיקדם לזה מצבו בעוה"ז נקשר ונגבל בחוקות טבע זה העולם, שזה תהיה ההכנה האמיתית והראויה להגיע אל התכלית הנרצה. ולפי השרש הזה סידר כל עניני זה העולם, להיות להכנה ולהזמנה למה שיהיה אחר כך בעולם התכליתיי שהוא העוה"ב:

**ב.** אך ההכנה הזאת הנה היא סובבת על שני קוטבים, הא' - אישיי, והב' - כללי. האישיי הוא ענין קנית האדם את שלימותו במעשיו, והכללי הוא התכונן המין האנושי בכללו לעוה"ב. ופירוש זה הענין הוא, כי בהיות המין האנושי נברא ביצ"מ וביצ"ר ובבחירה, הנה לא ימנע האפשרות בחלקיו להיות מהם טובים ומהם רעים, וסוף הגלגול צריך שיהיה שידחו הרעים, ויקובצו הטובים ויעשה מהם כלל א', שלכלל ההוא יעותד העוה"ב בטוב האמיתי המושג בו:

**ג.** ואולם חק הבחירה, שמכריח האפשרות שזכרנו בחלקי המין האנושי להיותם טובים או רעים, וכן להיות קצתם טובים וקצתם רעים, הוא עצמו מכריח אפשרות זה גם כן במעשי כל איש מאישי המין, שאולם אפשר שיהיו כלם טובים או כלם רעים, ואפשר שיהיו קצתם טובים וקצתם רעים, וזה ממה שמעכב קיבוץ השלמים שזכרנו, כי כבר ימצא באיש אחד עצמו ענינים טובים וענינים רעים, ולהשגיח על קצתם ולא על השאר, אפילו אם אותם שיושגח עליהם יהיו הרוב, הנה אינו ממשפט הצדק, כי שורת הדין נותנת שכל המעשים יוגמלו הן גדולים הן קטנים הן הרבה הן מעט. על כן גזרה החכמה העליונה לחלק הגמול בין לשכר בין לעונש, בשני זמנים ובשני מקומות. והיינו שהנה כלל המעשים יתחלק לרוב ולמיעוט, ויודן הרוב לבדו במקום וזמן הראוי לו, והמיעוט לבדו במקום וזמן הראוי לו. ואולם הגמול האמיתי ועיקרי יהיה בעוה"ב וכמ"ש. ויהיה השכר, השאר האדם הזוכה נצחיי להתדבקות בו ית' לנצח, והעונש, היותו נדחה מהטוב האמיתי ואובד. אמנם הדין לענין זה, לא יהיה אלא על פי רוב המעשה, אך למעשים טובים אשר לרשע ולמעשים הרעים אשר לצדיק, על צד המיעוט, ימצא העוה"ז בהצלחותיו וצרותיו, שבו יקבל הרשע גמול מיעוט הזכות אשר לו בהצלחותיו, והצדיק עונש עונותיו ביסורין שבו. באופן שיושלם המשפט בכל, וישאר הענין לעוה"ב כמו שראוי למצב השלם ההוא. דהיינו שישארו הצדיקים לבדם בלי תערובת רעים ביניהם,

והם בלי עיכובים בעצמם להנאה המעותדת להם, והרשעים ידחו ויאבדו, בלי שישאר להם טענה כלל:

ד. ואמנם גזר עוד חסדו ית' להרבות ההצלה לבני האדם, שימצא עוד מין צירוף אחר למי שיתכן בו הצירוף, דהיינו למי שגבר בו הרע תגבורת גדול, אך לא כל כך שיהיה משפטו להאבידו לגמרי, והוא כלל עונשים שהיותר רשום בהם הוא הדין בגהינם. והכונה בו הוא להעניש החוטא כפי חטאיו, באופן שאחרי הענשו לא יהיה עוד חוב עליו על המעשה הרע שעשה, ויוכל אחרי כן לקבל הגמול האמיתי כפי שאר מעשיו הטובים. ונמצא שעל ידי זה, האובדים ממש יהיו מזער לא כביר, כי הנה לא יהיו אלא אותם שגבר בהם הרע שיעור כל כך גדול, שאי אפשר שימצא להם מקום בשום פנים להיות נשארים בגמול האמיתי ובהנאה הנצחיית. והנה נמצא הדין מתחלק לשלשה חלקים, כי עיקרו הוא לעולם שאחר התחיה כמ"ש, אך המעשים הראוים ליגמל קודם לכן, הנה יש מהם שיוגמלו בעוה"ז ויש מהם שיוגמלו בעולם הנשמות. אכן משפטי הדין הזה בפרטיו איננו נודע כי אם לשופט האמיתי לבדו, כי הוא היודע אמתת מציאות המעשים ותולדותיהם בכל בחינותיהם ופרטיהם, ויודע מה מהם ראוי שיגמל בזמן אחד ובדרך אחד, ומה בזמן אחר ובדרך אחר. ומה שידענו אנחנו, הוא רק כלל דרכי ההנהגה הזאת על מה היא מיוסדת ואל מה היא סובבת, והוא מה שביארנו שתכלית כל הענין הוא לקבץ קיבוץ שלמים שיהיו ראוים ליקבע לנצח בהתדבקותו ית', וכדי שענין זה ישתלם כראוי, הוצרכו הענינים הקודמים האלה כלם, להכין ולהזמין הענין הזה התכליתי וכמ"ש:

**ה.** והנה כשתעמיק עוד בענין תראה, שמלבד היות ענין זה נמשך על פי המשפט והדין כמ"ש, הנה הוא מיוסד עוד על פי המציאות הנברא. וזה כי הנה כבר ביארנו שהמעשים הטובים מעצימים הם באדם בגופו ונפשו מציאות שלימות ומעלה, והפכם המעשים הרעים מעצימים בו מציאות עכירות וחסרון, והכל בשיעור מדוקדק כפי מה שהם המעשים לא פחות ולא יותר. והנה האיש הצדיק שהרבה בעצמו שיעור גדול מן הזוהר והמעלה, אך מצד אחר מפני מיעוט מעשים רעים שעשה, הנה נמצא בו תערובת קצת חשך ועכירות, כל זמן שיש בו התערובת הזה איננו מוכן והגון לדביקות בו ית'. על כן גזר החסד העליון, שימצא לו צירוף, והוא כלל היסורין, ששם ית"ש בסגולתם להסיר מאותו האדם העכירות ההוא, וישאר זך ובהיר מוכן לטובה בזמן הראוי. ואמנם כפי שיעור העכירות שקבל האדם במעשיו, כך יהיו היסורין שיצטרכו לצירופו. ואפשר שלא יהיה בכח

היסורין הגופניים להסיר העכירות ממנו, ויצטרכו לו יסורין נפשיים. והכלל מתפרט לפרטים הרבה, אי אפשר לשכל האדם להקיף על כלם:

**ו.** אכן הרשעים הגמורים, הם אותם שנתעצם בם בעוצם רוע מעשיהם עכירות כל כך גדול וחשך כל כך רב, עד שנשחתו בגופם ונפשם באמת, ושבו בלתי ראוים בשום פנים להדבק בו ית'. והנה אפשר שימצאו בידם קצת מעשים טובים, אבל הם מעשים שבעלותם במאזני צדקו ית', אינם מכריעים את בעליהם לצד הטוב האמיתי כלל, לא מצד כמותם ולא מצד איכותם. כי הרי אלו היו מכריעים אותם לזה, כבר לא היו נחשבים רשעים גמורים, אלא מאותם שמצטרפים והולכים עד שמגיעים אל מצב מוכן לטוב. אכן כדי שלא תהיה מדת הדין לוקה, שישארו מעשים אלה בלי גמול, הוחק שינתן להם שכרם בעוה"ז כמ"ש, ונמצא הזכות ההוא כלה ואינו מגיע להעצים בהם שום מעלה אמיתית:

**ז.** ואמנם עוד פרט אחר עיקרי מאד יש בזה הענין, והוא, כי הנה בקיבוץ השלימים שזכרנו שיהיה לע"ל, אין הכונה שיהיו כלם במדריגה אחת ובמעלה אחת וישיגו השגה אחת, אך הדבר הוא, שהנה שיערה החכמה העליונה עד היכן יכול להגיע הקצה האחרון, פירוש - השיעור היותר פחות שבהתדבקות בו ית' וההנאה בשלימותו, וכנגד זה סידרה, שכל מי שמעשיו יגיע לפחות אל השיעור הקטן ההוא, כבר יוכל לימנות בקיבוץ הזה שזכרנו, ויהיה מן הנשארים לנציחיות להתענג בו. אך מי שאפילו לזה לא יגיע, הנה זה יהיה נדחה לגמרי ואובד. ואמנם כל מי שיזכה יותר, הנה יהיה בקיבוץ עצמו יותר גדול ויותר עליון. והיה מעומק עצתו ית', שיהיה האדם עצמו בעל טובו לגמרי, בין בכלל בין בפרט. פירוש - שלא די שלא יזכה לטוב אלא אחר שהשיגו בעמלו, אלא אפילו פרט החלק שיותן לו, לא יהיה אלא כפי מעשיו בדקדוק. ונמצא, שלא יהיה האדם במדריגה, זולת מה שבחר ושם הוא עצמו את עצמו בה. וכבר ימצאו בקיבוץ ההוא עליונים ותחתונים, גדולים וקטנים, אבל לא יהיה לגובה מעלת האדם ושפלותה, לגדלה ולקטנותה, סבה אחרת אלא הוא עצמו, באופן שלא יהיה לו תרעומת על אחר כלל:

**ח.** והנה על פי השרש הזה תמצא עוד הבחנה גדולה בדין המעשים לשפוט אותם שראוי שתגיע תולדותם לתת עילוי לאדם בקיבוץ השלימים שזכרנו, ושיעור העילוי שיתנו. כי כבר ימצאו מעשים שכפי המשפט העליון המדוקדק והישר, לא יגיעו לתת לאדם עילוי לזמן ההוא, אלא יוגמלו בעוה"ז, ואז ישאר אותו האדם משפילי הנצחיים, בקמני הקיבוץ ההוא. והנה זה דומה קצת לאותם שזכרנו למעלה,

שמקבלים שכרם בעוה"ז ונאבדים
לעוה"ב. אך נבדלים מהם הבדל
גדול, והוא, כי אותם שזכרנו שהם
הרשעים הגמורים, הנה כלה כל
כח מעשיהם הטובים בשכר
שבעוה"ז ואינם מגיעים אל
הנצחיות כלל. ואלו, הנה כבר
מעשיהם מגיעים אותם אל
הנצחיות, ואפילו שיצטרך להם
צירוף נפשיי רב מאד, הנה על כל
פנים יש להם חלק בהשארות
הנצחיי, אלא שמפני קלקול
מעשיהם אין מצותיהם מגיעות
אלא לתת להם שם אותו החלק
הקטן שאמרנו, ורבים מזכיותיהם
מקבלים אותם בעוה"ז, שאלו היה
הדין נותן עליהם שיוגמלו בעוה"ב
ולא בעוה"ז, כבר היו נמצאים
האנשים ההם במדריגה מן
הגבוהות בקיבוץ השלימים:

**ט.** ואולם בכל מה שזכרנו עד
הנה, הנה נתבאר ענין יסורי
הצדיקים בעוה"ז ושלות הרשעים,
וכן העונשים הנפשיים, מצד מה
של הכנה לגמול האמיתי שלע"ל.
אך טובת הצדיקים בעוה"ז
נמשכת על דרך אחר, ונבארה
לפנים בס"ד. וכל זה שביארנו הוא
כפי הקוטב השני הכללי שזכרנו
להכנה, אבל עניניה כפי הקוטב
האישיי הולכים מהלך שונה מכל
זה, ונבארהו עתה בפרק בפני
עצמו בס"ד:

## פרק ג - בהשגחה האישית

<u>הפקודות הנתנות לבני האדם בעולם הזה:</u>

**א.** הנה כבר הקדמנו שענין העבודה שנמסרה לאדם תלוי במה שנבראו בעולם עניני טוב ועניני רע והושם האדם ביניהם לבחור לו את הטוב. ואולם פרטי עניני הטוב רבים הם וכן פרטי עניני הרע כי הלא כל מדה טובה מכלל הטוב והפך זה כל מדה רעה. דרך משל הגאוה א' מעניני הרע והענוה מעניני הטוב. הרחמנות מעניני הטוב והפכה האכזריות. ההסתפקות והשמחה בחלקו מעניני הטוב והפכה מעניני הרע וכן כל שאר פרטי המדות. והנה שיערה החכמה העליונה כל פרטי הענינים מזה המין שראוים לימצא וליפול אפשרותם בחק האנושיות לפי התכלית העיקרי שזכרנו במקומו והמציא אותם בכל בחינותיהם סבותיהם ומסובביהם וכל המתלוה להם וחקק אפשרותם באדם כמ"ש. ואמנם לשימצאו כל אלה הענינים הוצרכו מצבים שונים בבני האדם שכולם יהיו נסיון להם במה שיתנו מקום לכל פרטי בחינות הרע האלה ומקום לאדם להתחזק כנגדם ולתפוס בסיבות. דרך משל אם לא היו עשירים ועניים לא היה מקום לשיהיה האדם מרחם ולא אכזרי אך עתה הנה ינוסה העשיר בעשרו אם יתאכזר על העני הצריך לו או אם ירחם עליו. וכן ינוסה העני אם יסתפק במועט שבידו ויודה לאלקיו או להפך. עוד יהיה העושר לעשיר נסיון לראות אם ירום בו לבו או אם ימשך בו אחר הבלי העולם ויעזוב את עבודת בוראו. ואם עם כל עשרו יהיה עניו ונכנע ומואס בהבלי העולם ובוחר בתורה ועבודה וכן כל כיוצא בזה. ואמנם חילקה החכמה העליונה את מיני הנסיון האלה בין אישי מין האנושי כמו שגזרה בעומק עצתה היותו ראוי ונאות. ונמצא לכל איש ואיש מבני האדם חלק מיוחד בניסיון ובמלחמת היצר והוא פקודתו ומשאו בעוה"ז וצריך לעמוד בו כפי מה שהוא. ויודנו מעשיו במדת דינו ית' כפי המשא אשר ניתן לו באמת בכל בחינותיו בתכלית הדקדוק. והנה זה כעבדי המלך שכולם עומדים למשמעתו ובין כלם צריך שתשתלם עבודת מלכותו והנה הוא מפלג לכל אחד מהם חלק מה עד שבין כלם ישתלמו כל החלקים המצטרכים לו. והנה כל אחד מהם מוטל עליו השלמת החלק ההוא אשר נמסר לו וכפי פעולתו בפקודתו כן יגמלהו המלך. אך מדת החילוק הזה ודרכיו נשגבים מאד מהשגתנו ואי אפשר לנו לעמוד עליהם כי אם החכמה העליונה הנשגבה מכל שכל היא שיערתם והיא סידרתם באופן היותר שלם:

**ב.** והנה בהיות עניני העולם כלם נמשכים ונעתקים בהשתלשלות מענין לענין ממציאותם בנבדלים עד מציאותם בגשמים וכמש"ל בחלק א' פרק ה' הנה כל הענינים

האלה פרטי נסיונו של האדם כמ"ש מתחיל שרש בחינתם בנבדלים לפי המציאות השייך בהם מתיקון וקלקול כמש"ל וכפי ענינם שם נידונין ונגזרים להמצא ולהתפשט עד הגשמיות באישים הראוים להם עד שבכלל דין החילוק הזה יכנסו כל פרטי המציאות למדריגותיהם. ועל כלם השקיף החכמה העליונה וכפי אמתת מציאותן תגזור את היותר נאות והגון וזה ברור כפי העיקרים שהקדמנו:

<u>הצלחות העולם הזה וצרותיו כלם ניסיונות:</u>

**ג.** נמצא לפי השרש הזה שהצלחות העוה"ז וצרותיו יהיו לשינוסה בם האדם בחלק מחלקי הנסיון ששיערה החכמה העליונה היותו נאות לאיש ההוא:

מקרי העוה"ז לעזר או לעיכוב להשגת השלימות:

**ד.** ואמנם עוד סבה אחרת נמצאת להם על פי דרכי המשפט והגמול והוא כי הנה גזר השופט העליון שמתולדת מעשה האדם עצמו יהיה העזרו ממנו ית' להקל לו השגת שלימותו והצילו מן המכשולים כענין שנאמר רגלי חסידיו ישמור. ואולם ודאי שגם בזה מדריגות יש כי ימצא אחד ששורת הדין תתן כפי מעשיו שכבר עשה שיעזרהו הבורא ית' עזר מעט. ואחר שדינו יהיה שיעזרהו עזר יותר גדול ויקל עליו השגת השלימות קלות רב. ואחר שיהיה ראוי להעזר עזר יותר גדול. וכן בהפך כבר ימצא מי שכפי הדין יהיה ראוי שלא יעזרוהו מן השמים אך לא יקשו עליו השגת השלימות. ואחר שמשפטו יצא שירבו לו העיכובים ויצטרך לו חוזק גדול ועמל רב עד שישיגנו. ואחר שהוא הרשע הגמור שיסתמו בפניו כל דרכי התיקון וידחה ברעתו. ויש בכל הדברים האלה פרטי פרטים רבים מאד. והנה נמצא שאפשר יזכה האדם ויוגזרו עליו הצלחות בעוה"ז לסייעו בעבודתו למען יהיה נקל לו השיגו את השלימות המבוקש ולא ימצאו לו עיכובים. ואפשר שיהיה נגזר עליו כפי מעשיו הפסדים וצרות שיעמדו כחומה לפניו ויפסיקו בינו ובין השלימות עד שיצטרך לו יותר עמל ויותר טורח לבקוע את המחיצה ההיא ולהתאמץ עם כל טרדותיו להיות משיג את שלימותו על כל פנים. והפך זה לרשע אפשר שיוגזרו עליו הצלחות לפתוח לפניו פתח האבדון שידחה בו. ואפשר שיגזרו עליו צרות למנוע אותו מן הרשע שהיה בדעתו לעשות. וזה יקרה כשידע המנהג העליון שאין ראוי לאותו הרשע שיעשה מטעם מה. והוא מה שהיה דוד מתפלל אל תתן ה' מאויי רשע זממו אל תפק. ואמנם הנה הוא ית"ש עושה כל הענינים האלה בחכמתו הנפלאה הכל כפי מה שראוי לטובת כלל בריותיו כמ"ש והוא דן את הבריות בכל מצביהם כפי מה שהם באמת. פירוש - כי הנה אינו דומה מי

שהוא במצב הריוח ומתרשל
מעבודתו ומי שהוא במצב הדוחק
ונטרד בלחצו ולא ישלים את חקו.
והנה דינם לא יהיה שוה אלא יודן
כל אחד כפי מה שהוא באמת אם
שוגג ואם מזיד אם אנוס ואם פועל
ברצונו והוא ית"ש יודע אמתת כל
הדברים המעשים והמחשבות ודן
אותם לאמתם:

יסורין להערה:

ה. ואולם מן השרש הזה יצא עוד
ענף אחד בענין היסורין. כי עוד
אפשר שיהיה אדם צדיק ובידו
חטאים או בינוני ושקול במעשיו
ותהיה הגזירה עליו שיעוררוהו
לתשובה והנה אז ייסרוהו מן
השמים כדי שישים אל לבו
ויפשפש במעשיו. ואמנם אין
היסורין האלה ממין יסורי הכפרה
שזכרנו למעלה שתכליתם למרק
העונות בעוה"ז אבל יסורין אלה
יסורי הערה הם להעיר הלב
לתשובה כי אולם לא נבראו
העונשים אלא בהעדר התשובה
אבל הנרצה לפניו ית' הוא שלא
יחטא האדם ואם יחטא ישוב ואם
לא שב - כדי שלא יאבד יצטרף
בעונשין. ועל כן יבואו תחלה
יסורין להערה ואם לא יתעורר
האדם בהם אז יתיסר ביסורי
המירוק. ועל ענין זה אמר אליהוא
ויגל אזנם למוסר ויאמר כי ישובון
מאון:

מילוי הסאה:

ו. וצריך שתדע שגבול ניתן
למרשיע עד מתי יניחוהו שיהיה
מרשיע והולך בבחירתו הרעה

וכשיגיע לאותו הגבול הנה לא
ימתינו לו כלל וישמד מעל פני
האדמה. והוא מה שקראו חז"ל
מילוי הסאה ומה שאמר הכתוב
במלאת ספקו יצר לו. והנה עד
הזמן ההוא אפשר שיצליח וילך מן
הטעם שזכרנו למעלה שהוא
לפתוח לו פתח האבדון והוא מה
שכתבו ז"ל הבא ליטמא פותחין
לו. אך כשיגיע לאותו הגבול כבר
הגיע לאבדון ויאבד והנה אז יחרה
אף ה' בו ותפול עליו שואה
שיושמד בה:

ז. עוד צריך לדעת שהנה
ההשגחה העליונה בכל פרט
מהפרטים משגחת על כל הנקשר
בו מן הקודמים ומן המאוחרים.
וסוף דבר משגחת בהשגחת כל
פרט על כל הכלל כלו מצד כל מה
שמתיחסים כל החלקים עם כל
חלק לבנינו של הכלל. וממה
שיושקף בדינו של איש מהאישים
הוא מדריגתו ומצבו במה שקדמו
לו דהיינו האבות ובמה שיתאחרו
לו דהיינו הבנים ומה שעמו דהיינו
בני הדור או בני העיר או בני
החברה. ואחר כל ההשקפות
האלה יוגזר עליו החלק בעבודה
ובנסיון שזכרנו למעלה ויותן לו
המשא לעבוד לפניו ית'. ואולם
הנך רואה שזהו רק בענין הדין של
העוה"ז והוא מה שאמרתי שיוגזר
עליו החלק בעבודה דהיינו באיזה
מצב ימצא בעוה"ז שכפי אותו
המצב כך יהיה המשא שעליו. אך
לעוה"ב אין אדם נידון אלא לפי
מעשיו כפי המצב שהיה בו והוא
מ"ש הנביא בן לא ימות בעון האב.

וזה כי הנה אם יזכה אדם שתפסק לו גדולה ועושר הנה בניו יולדו עשירים ואם לא יתחדש עליהם ענין יהיו עשירים ובעלי גדולה וכן להפך. נמצא שלא הגיע העושר ההוא לאותם הבנים אלא מצד היותם בני אותם האבות. ואולם אמתת הענין כך הוא שהאדם זוכה לבניו בחמשה דברים שמנו ז"ל וכבר אפשר שיולד אדם בטובה מצד היות אביו כבר מוחזק בה ואפשר גם כן שמצד זכות אביו תגיע לו טובה בזמן מן הזמנים או להיפך. ומצד אחר אפשר שתפסק הצלה או טובה לו על זרע שעתיד לצאת ממנו. וכן מצד מקומו או חברתו אפשר שתפסק עליו טובה או רעה מטובות העוה"ז ורעותיו:

<u>יסורים לצדיקים לטובת דורם או לטובת כל העולם:</u>

**ח.** ואמנם מלבד כל זה יש עוד ענין אחר נמשך משני חלקי ההנהגה שזכרנו האישיית והכללית והוא כי הנה השקיפה החכמה העליונה על כל מה שהיה ראוי שימצא לתיקון המין שיעשה ממנו קיבוץ השלימים שזכרנו למעלה. וראתה שהיה ענין נאות להם מאד שיהיה בכח קצתם להועיל לקצתם ולהטיב להם. פירוש - שלא יוחלט הדבר שרק מי שיגיע בכח שלו עצמו אל השלימות יהיה מן הנמנים בקיבוץ בני העוה"ב אלא גם מי שכבר יגיעוהו מעשיו שבהתלותו באחר זכאי ממנו יוכל ליהנות בשלימות הנה יכנס בכלל ההוא אלא שיהיה במדריגה תחתונה שהיא מדריגת הנתלה בחבירו. ונמצא שלא ידחה מן השלימות לגמרי אלא מי שלא יהיה ראוי ליהנות בו לא מצד עצמו ולא מצד התלותו בזולתו. ונמצאת על ידי זה ההצלה מרובה וירבו יותר הנהנים. ואולם הנהנים ומהנים לאחרים ודאי שאלו יהיו היותר גדולים בקיבוץ ההוא והם יהיו הראשים והצריכים לתלות בם יהיו משועבדים להם וצריכים להם. וכדי שיהיה מקום לתיקון הגדול הזה קשר מתחלה את האישים זה עם זה והוא ענין כל ישראל ערבים זה לזה שזכרו ז"ל כי הנה על ידי זה נמצאים מתקשרים קצתם בקצתם ולא נפרדים איש לעצמו. והנה מדה טובה תמיד מרובה ואם נתפסים זה על זה בחטא כל שכן שיועילו זה על זה בזכות. ואמנם על פי שרש זה נסדר שיגיעו צרות ויסורין לאיש צדיק ויהיה זה לכפרת דורו. והנה מחיוב הצדיקים הוא לקבל באהבה היסורין שיזדמנו לו לתועלת דורו כמו שהיה מקבל באהבה היסורין שהיו ראוים לו מצד עצמו. ובמעשה הזה מטיב לדורו שמכפר עליו והוא עצמו מתעלה עילוי גדול שנעשה מן הראשים בקיבוץ בני העוה"ב וכמ"ש. ואולם מזה הסוג עצמו ימצא עוד מין אחר יותר גבוה במעלתו מאותו שזכרנו. וזה כי מה שזכרנו הוא שילקה הצדיק על בני דורו שהיו ראוים לעונש גדול מאד וקרובים

לכליה או לאבדון והוא ביסוריו מכפר עליהם ומצילם בעוה"ז ומועיל להם גם לעוה"ב. אמנם יש עוד יסורין שניתנים לחסידים היותר גדולים המושלמים כבר בעצמם והם לעזור למה שצריך לכלל גלגולי ההנהגה שיגיעו אל הסוף שהוא השלימות. ופירוש הענין כי הנה מצד הסדר הראשון שהוסדר להנהגת העולם וגלגוליו כבר היה צריך לאדם שיסבול קצת צער לשיגיע הוא וכל העולם עמו אל השלימות. והוא מה שהיה מתילד ונמשך מהעלם אורו ית' והסתר פניו שהושם לאחד מיסודות עניני מצבו של אדם כמש"ל. וכל שכן אחרי שרבו הקלקולים בעולם מצד חטאים על חטאים גדולים ועצומים שנעשו בו הנה נתרבה יותר ההסתר ונעלם הטוב ונמצא העולם ובריותיו במצב שפל ורע. וצריך על כל פנים שעל ידי גלגולים שתגלגל חכמתו הנפלאה בעולם יגיעו הדברים אל תיקון. ומעיקרם של גלגולים הוא שיקבלו בני האדם עונשים כדי רשעתם עד שתמצא מדת הדין מפויסת. ואולם סידר האדון ב"ה שהשלמים וחשובים יוכלו לתקן בעד אחרים וכמ"ש ותפגע בהם מדת הדין תחת פגעה בכלל העולם. ואמנם כיון שהם בעצמם שלימים וראוים לטוב שהם מתיסרין רק בעבור האחרים ודאי שתתפיס מדת הדין במועט בהם כבמרובה בחוטאים עצמם. ולא עוד אלא שעל ידי זה זכותם נוסף וכחם מתחזק וכל שכן שיכולים לתקן את אשר עיותו האחרים. והיינו כי לא די שיתקנו למה שבבני דורם אלא גם לענין כל מה שנתקלקל העולם מאז נהיו בו חטאים ועד עתה. ובודאי שאלה יהיו אחר כך בקיבוץ השלימים ראשי הראשים והיותר קרובים אליו ית':

**ט.** והנה כל זה שזכרנו עד עתה על צד המשפט מתבאר עוד על צד המציאות כפי אמתת סדריו וכמש"ל. כי הנה בחטאים מתרבית הזוהמא ומתעמצת בבני האדם ובעולם וגורמת לאורו ית' שיסתר ויתעלם העלם על העלם. וכפי התמרק הזוהמא הזאת והטהר הבריות ממנה כן חוזר אורו ית' ומתגלה גילוי על גילוי. ואמנם היסורין הם הממרקים את הזוהמא בין בפרט בין בכלל ועל ידי יסורי החשובים האלה מתמרקת והולכת לה מכלל הבריאה כלה ומתקרב העולם מדריגה אחר מדריגה אל השלימות:

מקרים לאדם מצד גלגול נשמתו:

**י.** עוד שורש אחר נמצא להנהגה בעניני העוה"ז והוא שהחכמה העליונה סידרה להרבות עוד ההצלה כמ"ש שנשמה אחת תבא לעוה"ז פעמים שונות בגופים שונים ועל ידי זה הנה תוכל לתקן בפעם אחת את אשר קלקלה בפעם אחרת או להשלים מה שלא השלימה. ואולם בסוף כל הגלגולים לדין שלעתיד לבא הנה הדין יהיה עליה כפי כל מה שעבר עליה מן הגלגולים שנתגלגלה ומן

המצבים שהיתה בם. והנה אפשר שיגיעו ענינים לאדם שנשמתו מגולגלת כפי מה שיוגרם לה מצד מה שעשתה בגלגול קודם וינתן לאדם ההוא בעולם מצב כפי זה וכפי המצב שינתן לו יהיה המשא אשר יוטל עליו וכמש"ל. וכבר דינו ית"ש מדוקדק על כל אדם לפי מה שהוא בכל בחינותיו פירוש - בכל פרטי מצבו. באופן שלא יעמס לעולם על אדם לעוה"ב שהוא הטוב האמיתי אשמה שאין לו באמת אבל יגיע לו מן המשא והפקודה בעוה"ז כפי מה שתפלג לו החכמה העליונה וכפי זה יידונו מעשיו. והנה פרטי בחינות רבות ימצאו בענין זה של הגלגול איך יהיה האדם נידון לפי מה שהוא בגלגולו ולפי מה שקדם בגלגול אחר לשיהיה הכל על פי המשפט האמיתי והישר ועל כל זה נאמר הצור תמים פעלו כי כל דרכיו משפט וכו'. ואין בברואים ידיעה שתוכל לכלול מחשבותיו ית"ש ועומק עצתו רק הכלל הזה ידענו ככל שאר הכללים שאחד ממקורות מקריהם של בני האדם בעוה"ז הוא הגלגול על פי אותם החוקים והמשפטים הישרים שהוחקו לפניו ית' להשלמת זה הענין כלו:

<u>המקרים אינם נתשבים מסבות שונות:</u>

**יא.** נמצאו לפי כל מה שביארנו סבות שונות ומתחלפות למקרי בני האדם בעוה"ז אם לטוב ואם למוטב. ואמנם אין הענין שכל מקרה שיקרה ימשך מכל הסבות האלה אבל הענין הוא שמכל אלה הסבות ימשכו מקרים לבני האדם בעולם וימצאו מקרים נמשכים מסבה אחת ואחרים מסבה אחרת. ואמנם החכמה העליונה היודעת ומשקפת תמיד על כל מה שהוא נאות לתיקון כלל הבריאה הנה היא שוקלת בעומק עצתה כל הדברים ביחד ועל פי זה מנהגת את העולם בכל פרטיו. כי אולם אי אפשר לכל הסבות האלה שיולידו תולדותיהם תמיד בשוה כי פעמים רבות אפשר לאחת שתכחיש את חברתה. כי הנה דרך משל אפשר שלפי זכות האבות יגיע לאדם אחד עושר ולפי מעשיו עוני ולפי החילוק הכללי עושר או עוני. ואפילו לפי המעשים עצמם כבר יעשה איש מעשה אחד יהיה הדין בו שתבא לו טובה אחת ומעשה אחר יהיה הדין בו שתחסר לו הטובה ההיא. ואולם החכמה העליונה שוקלת ומכרעת את הכל על הצד היותר טוב ומזמנת לכל איש ואיש ענינים ממין אחד וענינים ממין אחר פירוש - ענינים נמשכים אחר אחת הסבות וענינים נמשכים אחר סבה אחרת אמנם לא יקרה מקרה לאדם שלא יהיה כפי אחת מן הסבות שזכרנו. והפרטים אי אפשר לאדם שידעם כלם וכבר ידענו הרבה כשידענו כללי הענינים למיניהם וכמ"ש:

<u>מקרים אמצעיים ותכליתיים:</u>

**יב.** ואולם צריך שתדע שהמקרים הקורים לבני האדם יש בהם שני מינים האחד - מקרים תכליתיים והשני - אמצעיים. פירוש - תכליתיים מקרים שיהיו נגזרים על האדם להיותם ראוים לו מצד אחת מהסבות שזכרנו למעלה. ואמצעיים מקרים שיקרו לו כדי שעל ידם יגיע לו מקרה אחר שראוי לו. והוא כענין אודך ה' כי אנפת בי שפירשו ז"ל שנשברה רגל פרתו ונפלה ומצא סימא תחתיה. או שימלט ממקרה שראוי שלא יגיע לו כגון שנתעכב ולא הלך בספינה שהיה רוצה לילך וטבעה הספינה בים. וגם אמצעיים אלה אפשר שיהיו לצורך עצמו של האדם שיקרו לו ואפשר שיהיו לצורך זולתו לשתבא על ידי זה טובה או רעה לזולתו. ואמנם החכמה העליונה כמו שתשער הענינים שראוי שיגיעו לאדם תשער גם כן האמצעיים שעל ידם יגיעו לו עד שימצא הכל נגזר בתכלית הדקדוק למה שהוא היותר טוב באמת:

## פרק ד - בענין ישראל ואומות העולם

**א.** מן הענינים העמוקים שבהנהגתו ית' הוא ענין ישראל ואומות העולם שמצד טבע האנושי נראה היותם שוים באמת ומצד עניני התורה הם שונים שינוי גדול ונבדלים כמינים מתחלפים לגמרי. והנה עתה נבאר בענין זה ביאור מספיק ונפרש מה שבו מתדמים זה לזה ומה שבו מתחלפים זה מזה:

מצב הראוי לאדם ותולדותיו וההוה להם:

**ב.** אדם הראשון קודם חטאו היה במצב עליון מאד ממה שהוא האדם עתה וכבר ביארנו ענין זה (בחלק א' פרק ג'). ומדריגת האנושיות לפי המצב ההוא היתה מדריגה נכבדת מאד ראויה למעלה רמה נצחיית כמו"ש. ואלו לא היה חוטא היה משתלם ומתעלה עוד עילוי על עילוי. והנה באותו המצב הטוב היה לו להוליד תולדות מספר משוער מחכמתו ית' על פי אמתת מה שראוי לשלימות הנהנים בטובו ית' והיו כלם נהנים עמו בטוב ההוא. ואמנם התולדות האלה שהיה ראוי שיוליד נגזרו ושוערו מלפניו ית' משוערים בהדרגות מיוחדות פירוש שיהיה בהם ראשיים ונטפלים שרשים וענפים נמשכים זה אחר זה בסדר מיוחד כאילנות וענפיהם ומספר האילנות ומספר הענפים הכל משוער בתכלית הדקדוק. והנה בחטאו ירד מאד ממדריגתו ונכלל מן החשך והעכירות שיעור גדול וכמש"ל. וכלל המין האנושי ירד ממדריגתו ועמד במדרגה שפלה מאד בלתי ראויה למעלה הרמה הנצחיית שהתעתד לה בראשונה ולא נשאר מזומן ומוכן אלא למדריגה פחותה ממנה פחיתות רב ובבחינה זאת הוליד תולדות בעולם כלם במדרגה השפלה הזאת שזכרנו. ואמנם אעפ"כ לא חדל מהמצא בכלל מדריגת המין האנושי מצד שרשו האמיתי בחינה עליונה מן הבחינה שהיה המין הזה אז בזמן קלקולו. ולא נדחה אדה"ר לגמרי שלא יוכל לשוב אל המדריגה העליונה אבל נמצא בפועל במדריגה השפלה ובבחינה כחניות אל המדריגה העליונה. והנה נתן האדון ב"ה לפני התולדות ההם שנמצאו באותו הזמן את הבחירה שיתחזקו וישתדלו להתעלות מן המדריגה השפלה ולשים עצמם במדריגה העליונה. והניח להם זמן לדבר כמו ששיערה החכמה העליונה היותו נאות להשתדלות הזה ועל דרך מה שמנחת עתה לנו לשנהיה משיגים השלימות והמדריגה בקיבוץ בני העוה"ב כמש"ל. כי הנה כל מה שהוא השתדלות צריך שיהיה לו גבול:

ההשתדלות שניתן לבני האדם מאחר החטא עד הפלגה וענין הפלגה:

**ג.** והנה ראתה החכמה העליונה היות ראוי שזה ההשתדלות יתחלק לשרשיי וענפיי. פירוש -

שיהיה בתחלה זמן ההשתדלות לשרשים שבתולדות ואחר כך לענפים שבהם. והיינו כי המין האנושי כלו היה צריך עדיין שיקבע ענינו כראוי ויתוקן מן הקלקולים שנהיו בו. ולפי סדר ההדרגה הנה היה ראוי שיוקבעו בראשונה שרשיהם וראשיהם של תולדות האדם לעמוד במדריגה מתוקנת ויעמדו בה הם וענפיהם כי הענפים ימשכו תמיד אחר השרש. והנה הגביל הזמן להשתדלות השרשי הזה שמי שיזכה מכלל הנמצאים באותם הזמנים שהיה שער זה נפתח והיה בידם להגיע לזה הענין ויכין את עצמו כראוי יקבע לשרש אחד טוב ויקר מוכן למעלה הרמה הראויה למי שהוא אדם במצב הטוב ולא אדם במצב המקולקל. וכן ישיג שיותן לו להוציא תולדותיו הראוים לו כלם בבחינתו פירוש - באותה המדריגה והמצב שכבר השיג הוא בשרשיותו. והיה הזמן הזה מאדה"ר עד זמן הפלגה. והנה כל אותו הזמן לא חדלו צדיקים דורשים האמת לרבים כגון חנוך מתושלח שם ועבר ומזהירים אותם שיתקנו את עצמם. וכיון שנתמלא סאתם של הבריות בזמן הפלגה שפט במדת משפטו ית' היות ראוי שיגמר זמן ההשתדלות השרשיי ויהיה קצם של הדברים שיקבע מה שראוי ליקבע בבחינת השרשים לפי מה שכבר נתגלגל ונהיה עד עת הקץ ההוא. ואז השגיח ית"ש על כל בני האדם וראה כל המדריגות שהיה ראוי שיקבעו בם האנשים ההם כפי מעשיהם וקבעם בם בבחינתם השרשיית כמ"ש. והנה כפי מה שהונחו הם כן נגזר עליהם שיהיו מוציאים התולדות כפי מה שכבר שוער שהיה ראוי לשרש ההוא. ונמצאו כלם מינים קבועים בעולם כל אחד בחוקו וטבעו ככל שאר המינים שבבריות וניתן להם להוציא תולדותיהם בחקם ובחינתם ככל שאר המינים. ואמנם נמצאו כלם לפי המשפט העליון ראוים לישאר במדריגת האנושית השפלה שהגיעו לה אדם הראשון ותולדותיו מפני החטא ולא גבוהים מזה כלל. ואברהם לבדו נבחר במעשיו ונתעלה ונקבע להיות אילן מעולה ויקר כפי מציאות האנושית במדריגתו העליונה וניתן לו להוציא ענפיו כפי חקו. ואז נתחלק העולם לע' אומות כל אחד מהם במדריגה ידועה אבל כלם בבחינה האנושיות בשפלותו וישראל בבחינת האנושיות בעילויו. והנה אחר הענין הזה נסתם שער השרשים והתחיל הגלגול וההנהגה בענפים כל אחד לפי ענינו.

ונמצא שאע"פ שלכאורה נראה ענינינו עתה וענין הקודמים שוה באמת איננו כך. אלא עד הפלגה היה הזמן שרשי האנושיות ונתגלגלו הדברים בבחינה זו. וכשהגיע קץ זמן זה נקבע הדבר כפי המשפט והתחיל זמן אחר

שהוא זמן הענפים שעודנו בו עתה:

עשיית אברהם אב לגרים:

**ד.** ומרוב טובו וחסדו ית' גזר ונתן מקום אפילו לענפי שאר האומות שבבחירתם ומעשיהם יעקרו עצמם משרשם ויוכללו בענפיו של אברהם אבינו ע"ה אם ירצו. והוא מה שעשהו ית"ש לאברהם אב לגרים ואמר לו ונברכו בך כל משפחות האדמה. ואולם אם לא ישתדלו בזה ישארו תחת אילנותיהם השרשיים כפי ענינם הטבעי:

תכלית דין האומות עד מתן תורה:

**ה.** וצריך שתדע שכמו שכלל תולדות האדם מתחלק לאילנות שרשיים וענפיהם עמהם כמ"ש כן כל אילן ואילן בפני עצמו יבחנו בו הענפים הראשיים שמהם נמשכים ומתפרטים כל שאר הפרטים. ואמנם ענפי אילנו של אברהם אבינו ע"ה הכוללים הנה הם עד ששים רבוא שהם אותם שיצאו ממצרים ונעשית מהם האומה הישראלית ולהם נחלקה ארץ ישראל. וכל הבאים אחריהם נחשבים פרטים לתולדות הכוללים האלה. והנה לאלה ניתנה התורה ואז נקרא שעמד אילן זה על פרקו. ואולם חסד גדול עשה הקב"ה עם כל האומות שתלה דינם עוד עד זמן מתן התורה והחזיר התורה על כלם שיקבלוה ואם היו מקבלים אותה עדיין היה אפשר להם שיתעלו ממדריגתם השפלה. וכיון שלא רצו אז נגמר דינם לגמרי ונסתם השער בפניהם סיתום שאין לו פתיחה. ואך זה נשאר לכל איש ואיש מן הענפים בפרטיהם שיתגייר בעצמו ויכנס בבחירתו תחת אילנו של אברהם אבינו:

החלק הניתן לאומות העולם:

**ו.** ואולם לא היתה הגזירה להאביד את האומות האלה אבל היתה הגזירה שישארו במדריגה השפלה שזכרנו והוא מין אנושיות שהיה ראוי שלא ימצא אלו לא חטא אדה"ר והוא בחטאו גרם לו שימצא. ואמנם כיון שיש בהם בחי' אנושיות אע"פ שהיא שפלה רצה הקב"ה שיהיה להם מעין מה שראוי לאנושיות האמיתי והיינו שיהיה להם נשמה כעין נשמות בני ישראל אע"פ שאין מדריגתה מדריגת נשמות ישראל אלא שפלה מהם הרבה. ויהיה להם מצות יקנו בהם הצלחה גופיית ונפשיית גם כן כפי מה שראוי לבחינתם והם מצות בני נח. והנה מתחלת הבריאה נזמנו כל הדברים להיותם כך אם יהיה שיחטא אדם וכמו שנבראו כל שאר ההיזקים והעונשים על התנאי וכמאמרם ז"ל:

המוכן לאומות העולם לעוה"ב:

**ז.** ואולם לעולם הבא לא תמצאן אומות זולת ישראל ולנפש חסידי אומות העולם ינתן מציאות בבחינה נוספת ונספחת על ישראל עצמם ונטפלים להם כלבוש הנטפל לאדם ובבחינה זו

יגיע להם מה שיגיע מן הטוב ואין בחקם שישיגו יותר מזה כלל:

## שבעים שרי אומות העולם:

**ח.** והנה בשעה שנחלק העולם כך שם הקב"ה ע' פקידים מסוג המלאכיי שיהיו הם הממונים על האומות האלה ומשקיפים עליהם ומשגיחים על עניניהם. והוא ית"ש לא ישגיח עליהם אלא בהשגחה כללית והשר הוא ישגיח עליהם בהשגחה פרטית בכח שמסר לו האדון ב"ה על זה. ועל דבר זה נאמר רק אתכם ידעתי מכל משפחות האדמה. ואמנם לא מפני זה תעדר ח"ו ידיעתו ית' בפרטיהם כי הכל צפוי וגלוי לפניו ית' מעולם אבל הענין הוא שאינו משגיח ומשפיע לפרטיהם. ודבר זה תבינהו במה שנבאר עוד לפנים בס"ד:

## תולדת מעשה אומות העולם:

**ט.** ואולם במעשיהם של ישראל תלה האדון ב"ה תיקון כל הבריאה ועילוייה כמש"כ ושעבד כביכול את הנהגתו לפעלם להאיר ולהשפיע או ליסתר ולהתעלם ח"ו על פי מעשיהם. אך מעשה האומות לא יוסיפו ולא יגרעו במציאות הבריאה ובגילויו ית"ש או הסתרו אבל ימשיכו לעצמם תועלת או הפסד אם בגוף ואם בנפש ויוסיפו כח בשר שלהם או יחלישוהו:

## ההשגחה עליהם:

**י.** ואמנם אע"פ שאין הקב"ה משגיח על האומות בפרטיהם כבר אפשר שישגיח בהם לצורך יחיד או רבים מישראל. אמנם זה בבחינת המקרים האמצעיים שביארנו בפרק הקודם:

## פרק ה - באופן ההשגחה

**א.** הנה עד הנה ביארנו משפטי ההשגחה. עתה נדבר במה שבאופן ההשגחה וענין זה יתחלק לשני עיקרים הא' בהשקפתו ית' והב' בהשפעתו:

<u>ענין השגחתו יתברך:</u>

**ב.** בהשקפתו ית' כבר ידענו שהוא ית"ש יודע כל ואין אצלו חסרון ידיעה כלל לא בעתיד ולא בהוה ולא בעבר כי כל מה שהיה ויהיה כבר צפוי הוא לפניו מעולם ולא נעלם ממנו דבר וכל ההוה גלוי הוא לפניו ונודע אצלו ית' בכל בחינותיו ולא נסתר ממנו כלל. אמנם נקרא שהוא משקיף על הדברים מה שהוא דן אותם וגוזר עליהם גזירות מוגבלות בגבול הזמן שירצה החדשם בהם ועוד נדבר מזה לפנים בעז"ה:

ענין השפעתו:

**ג.** אך השפעתו היא מה שיוציא רצונו ית' לפועל באותו הסדר וההדרגה שהוא חפץ. והנה בהיות שסידר בריותיו בסדר הדרגה והשתלשלות מפני שחפץ בסדר הזה הנה כמו שרצה בהשתלשלות זה בבחינת מציאות הנבראים כן רוצה בו בבחינת התמדתם ופעולותיהם בכל עניניהם ובסדר זה מקיימם בכל בחינותיהם ומשפיע בהם למה שרצה בענינם ויחסיהם. והנה הוא ית"ש ישפיע למלאך והמלאך למלאך שתחתיו במדריגה וכן מדריגה אחר מדריגה עד שהמלאך האחרון יפעל בגשמיות לקיים דבר או לחדש אותו כפי מה שיצאה גזירת רצונו ית'. ואמנם קיום כל הוה בכל מדריגה שהוא אינו אלא ממנו ית' כי הוא ית"ש מקיים בכחו הנבראים והשתלשלותם כל אחד כפי ענינו אבל הוצאת הפעולות לגשמיות כפי סדר הנמצאים ויחסיהם שזכרנו למעלה זה נעשה בהדרגה שזכרנו:

<u>פעולת פקידי הטבע במשמרותם:</u>

**ד.** והנה שם האדון ב"ה בטבע כל פקיד לעמוד על משמרתו ולקיים בגבורה מה שנמסר בידו ולא ידחה ממשמרתו אלא באותו הסדר שסידר האדון ב"ה. דרך משל שר האילנות ישתדל ויתאמץ להחזיק אילנותיו ואולם בהיות הגזירה מלפניו ית' יחזיק שר הרוח את הרוח כפי מה שיוגזר עליו וידחה שר האילנות כפי זה ויעקרו כפי זה מאילנותיו בכח הרוח. ויש בדברים האלה הדרגה רבה ופרטיות רב כי יש המלאכים פקידי הטבע הגשמי המחזיקים כל חלקי הגשמים בחוקותיהם הטבעיים ועליהם שרי גזירות הגמול המניעים מלאכי הטבע לסבב הענינים לפי הגזירות וכמה פרטים לפרטים כפי נפלאות סתרי הנהגתו ית':

**ה.** ואולם הוא יתרך שמו משקיף על הכל עליונים ותחתונים שרשים וענפיהם ומכוין תמיד אל השלימות הכללי ולזה מסבב כל

הבריאה. ונחלק הענין בפרטיה כפי מה שנמצא בהכנתם אלה לידחות ואלה ליקרב אלה ליצרף ואלה לנוח כל אחד כפי מה שראוי שיגיע לו להקים כלל הבריאה על השלימות:

<u>ענין הנסים:</u>

**ו.** והנה הוא ית"ש ברצונו משנה סדרי בראשית בכל עת שירצה ועושה ניסים ונפלאות כחפצו בדברים שונים כמו שיגזור היותו נאות לתועלת הבריאה לפי הענין ולפי הזמן. ומה הוא זה שאמרו ז"ל תנאים התנה הקב"ה עם כל מעשה בראשית לא שלא ישנה הקב"ה דבר מעתה כי ודאי משנה הוא בכל עת שירצה שינוי גמור. אבל הענין הוא שבעת הבריאה הראה והודיע לכל שרשי הנבראים ענינם ואמתת מציאותם והתכלית למה נבראו ואל מה עתידים היו לסבוב בגלגוליהם ומה יהיה סוף ענינם והשיגו וידעו שהכל היה הולך לתכלית הטוב האמיתי ונתרצו בדבר ושמחו בו והוא מה שאמרו ז"ל במ"א כל מעשי בראשית לדעתן נבראו. ואמנם כשהודיעם הקב"ה אמתת ענינם וחוקם ואמתת כל גלגולם הראם כמו כן שממה שהיה מצטרך לשלימותם היה שיעשו בהם אותם הנסים לישראל או לצדיקים מהם באותם הזמנים. ואמנם הדבר הזה נאמר בשרשים העליונים ואחר כך על פי כל זה נשתלשלו בהשתלשלות ונקבעו הדברים בגשמיות כראוי להם והועמדו עליהם הפקידים המחזיקים אותם בחוקם הטבעי. ובעת שרוצה הקב"ה יגזור על הפקידים האלה ויעמדו מתפקידם וישתנו ממהלכם הטבעי כפי מה שתהיה עליהם הגזירה. וכבר אפשר שהגעת הגזירה להם תהיה בדרכים שונים פירוש - שתגיע דרך משל כמצות מלך עליהם או כגערת מושל שזעם כענין שנאמר ויגער בים סוף ויחרב וכו' וכיוצא בזה מן הדרכים הכל לפי הענין בזמנו:

## פרק ו - בסדר ההשגחה

<u>ענין הבתי דינין של מעלה:</u>

**א.** סידר האדון ב"ה שהנהגת עולמו כלה בין מה שלמשפט המעשים של בני הבחירה ובין למה שראוי להתחדש בעולם ובריותיו יעשה בסדר כעין מלכות הארץ וכן אמרו ז"ל מלכותא דרקיעא כעין מלכותא דארעא והיינו בבתי דינין וסנהדראות עם כל דרכיהם וחוקותיהם. וזה כי הנה סידר בתי דינים שונים של נמצאים רוחניים במדריגות ידועות ובסדרים ידועים שלפניהם יערכו כל הענינים הראוים לישפט ובגזירתם יקומו כל הדברים וכמו שאמר דניאל בגזרת עירין פתגמא וכו':

<u>הדין בבית דין שלמעלה:</u>

**ב.** והנה הוא יתברך שמו מופיע בכל הסנהדראות האלה ומשפיע בם ומעמידם על תוכן הענין באמת שיצא המשפט לאמתו. ויש מן הסנהדראות שהקב"ה שם לראש וכענין שנאמר ראיתי את ה' יושב על כסאו וכל צבא השמים עומד עליו מימינו ומשמאלו ופירשו ז"ל אלו מיימינים לזכות ואלו משמאילים לחובה ואמר דניאל עד די כרסוון רמיו ועתיק יומין יתיב וכו' דינא יתיב וספרין פתיחו. ואמנם עיקר הדבר כך הוא הנה כבר ביארנו למעלה כמה מן הדקדוק נמצא בדינו של כל איש ואיש. כי הנה בכלל איש מן האנשים ימצאו טענות רבות לפי סבות שונות להיות נידון האיש ההוא לדרכים רבים מדרכי המשפט. ובפרט גם כן בכל מעשה ומעשה ממנו הנה ימצאו בו בחינה לזכות ובחינה לחובה לכמה צדדין רבים כי כל עניני העולם מורכבים בהרכבות רבות באמת ונמשכים בדרכים שונים. ואולם כל הבחינות האמיתיות האלה מתגלים בבתי דינין העליונים האלה לאמתם וכל אחד מן הצבא הנמצא באותו הבית דין מתגלה לו לפי ענינו אחת מן הבחינות עד שבין כלם מתגלות הבחינות כלם לא נכחד דבר. ואז ישקל הענין לפי כל הבחינות האמיתיות ההם ותצא הגזירה כפי הנאות. ואולם הגמר הזה יעשהו מי שהוא ראש בבית דין ההוא. ואם הוא מהבתי דינים שהאדון ב"ה רוצה ויושב שם לראש הנה אע"פ שהכל צפוי לפניו יניח לכל המשרתים הצבא שלפניו שיטענו כפי המתגלה להם מבחינות הענין באמת ויגמור הדבר כפי הראוי וכמ"ש:

<u>ענין העדים בבית דין שלמעלה:</u>

**ג.** נמצא לפי שרש זה שאין הקב"ה דן את העולם בבחינת ידיעתו אלא בבחינת הסדרים שרצה וסידר לענין. וממה שסידר עוד בזה הוא שלא יבא לישפט ענין מהענינים בשום בית דין מאלה עד שיובא לפניו. מפקידים שהפקיד לענין זה. והיינו שהנה הפקיד בחפצו ית' פקידים מן

הסוג המלאכים שישגיחו על כל העניינים ההוים בעולם ואלה יבואו לבית דין שלמעלה ויעידו על הדברים שהשיגו ונגלה להם ואז יבואו העניינים במשפט. וכבר זכרתי פעמים שאין העניינים האלה נמשכים אחר ידיעתו ית' כי לא היו שום אחד מהעניינים האלה צריכים לו שהכל צפוי לפניו מעולם אלא שכן גזר וסידר בחכמתו הנפלאה ועל פי אלה הסדרים מתנהג העולם באמת. ועל אלה הדרכים והעניינים הוא שירמזו הכתובים במליצותיהם כעניין שנאמר וירד ה' לראות וכו' ויבאו בני האלקים להתיצב וכו' עיני ה' המה משוטטות בכל הארץ אלה אשר שלח ה' להתהלך בארץ ואחרים כאלה - הכל נאמר על דרכי ההנהגה הזאת כפי הסדרים שסידר. ואותם המלאכים המופקדים להשגיח על עניני העולם ולהעיד עליהם יקראו עיני ה'. ובהגלותו יתברך שמו על אחד מהבתי דינים לשפוט ענין מהעניינים כגון ענין בוני המגדל בזמנו נאמר וירד ה' לראות וכו' וכן כל כיוצא בזה. ואולם צריך שתתבונן שאין הדמיון באלה העניינים עם מה שנעשה במלכות הארץ אלא בסדרים אך באופן העשות הדברים אין הדמיון אמיתי. כי בגשמים נעשים כפי מה ששייך בהם בהשגתם ובכל ענייניהם וברוחניים כפי מה ששייך בהם בהשגתם ובעניניהם:

ענין הקטיגור:

**ד.** והנה שם האדון ב"ה את הקטיגור והוא השטן שנאמר בו ויבא גם השטן בתוכם ופקודתו לתבוע דין בבתי הדין וכשהוא תובע יתעוררו הדיינים וישפוטו. וממדת טובו ית' שלא יתפוס בדין עד שיקטרג המקטרג ואע"פ שחטאי החוטא גלוים לפניו. ואולם גם לזה חקק חוקים וסידר סדרים פירוש - לקטרוגו של המקטרג איך יהיה ומתי יהיה וכענין מה שכתבו ז"ל השטן מקטרג בשעת הסכנה וכן מ"ש ז"ל שלשה מזכירים עונותיו של אדם ופרטים רבים כיוצא בזה:

חוקות הדין שלמעלה:

**ה.** ואולם לכל עניני המשפטים האלה בכללם ובפרטיהם חוקים ודרכים מסודרים כמו שגזרה חכמתו יתברך לזמני המשפט ולבחינותיו. כגון מה שאמרו ז"ל בארבעה פרקים העולם נידון ומה שאמרו מלך נכנס תחלה מקמי דליפוש חרון אף וכן מה שאמרו תבואה תרי דיני מתדנא וההפרשים שבין קודם גזר דין ולאחר גזר דין וכמה פרטים אחרים כיוצא באלו:

## פרק ז - בענין השפעת הכוכבים

שימוש הכוכבים לצורך העצמים השפלים:

**א.** הנה כבר ביארנו בחלק א' שכל עניני הגשמים שרשם הוא בכחות הנבדלים. ואמנם שם משתרשים הענינים האלה בכל הדרכים שצריכים להשתרש ואחר כך צריכים ליעתק ולימשך אל הגשמיות בצורה שצריכים לימצא בו. והנה לצורך זה הוכנו הגלגלים וכוכביהם שבהם ובסיבוביהם נמשכים ונעתקים כל אותם הענינים שנשתרשו ונזמנו למעלה ברוחניות אל הגשמיות פה למטה ועומדים פה בצורה הראויה. ואמנם מנין הכוכבים ומדריגותיהם וכל מחלוקתיהם היו כפי מה שראתה החכמה העליונה היותו צריך ונאות אל ההעתק הזה שזכרנו. והנה נשפע מן הכוכבים כח הקיום אל העצמים הגשמים שתחתיהם שעל ידיהם נעתק ענינם מבחינתו למעלה בשרשים אל בחינתו למטה:

השפעת הכוכבים למקרים:

**ב.** ואולם עוד ענין אחר חקק הבורא ית' בכוכבים האלה והוא שגם כל עניני מקרי הגשמים ומשיגיהם אחרי שהוכנו למעלה ימשכו על ידיהם למטה באותה הצורה שצריכים לקרות להם. דרך משל החיים העושר החכמה הזרע וכיוצא כל אלה הענינים מוכנים למעלה בשרשים ונעתקים למטה בענפים בצורה הראויה על ידי הכוכבים וזה במחלקות ידועות ובקיבוצים מיוחדים שהוחקו להם וסיבובים ידועים. ונתפלגו ביניהם כל המקרים הקורים את הגשמים למיניהם ונקשרו הגשמים כלם תחת שליטתם כפי סדריהם להתחדש בהם כפי מה שיושפע מן המערכה לפי הקישור שיתקשר בה כל איש ואיש:

שעבוד התחתונים להשפעת הכוכבים וביטול זה לישראל:

**ג.** והנה נשתעבדו לזה הסדר כל בני אדם גם כן להתחדש בהם כפי מה שימשך להם מן המערכה. אמנם כבר אפשר שתבוטל תולדת הכוכבים מכח חזק ועליון מהם ועל יסוד זה אמרו אין מזל לישראל כי כח גזירתו ית' והשפעתו גובר על הכח המוטבע בהשפעת המערכה ותהיה התולדה לפי ההשפעה העליונה ולא לפי השפעת המערכה:

ידיעת העתידות על ידי הכוכבים:

**ד.** ואמנם משפטי ההשפעה הזאת של הכוכבים גם הם מוגבלים כפי מה שגזרה החכמה העליונה היותו נאות. וקצת מדרכיה נודעים לפי סדרי המבטים והוא מה שמשיגים הוברי השמים. אכן לא כל אמתת סדריה מתגלית בזה על כן לא ישיגו החוזים בכוכבים אלא קצת מהענינים העתידים ולא בשלימות וכל שכן שכבר יש ביטול לתולדותם כמ"ש. ועל זה אמרו ז"ל (ב"ר פ"ה ב) מאשר ולא כל אשר:

## פרק ח - בהבחנות פרטיות בהשגחה

**א.** ממה שיבחן מאד בהשגחתו ית' הוא היות יסוד כל סדרי ההשגחה ודרכיה - יושר המשפט וקו הדין וכענין שנאמר שבט מישור שבט מלכותך וכתוב מלך במשפט יעמיד ארץ. ואמנם ידענו באמת שאין חפצו של הקב"ה אלא להטיב והנה הוא אוהב את ברואיו כאב האוהב את בנו אלא שמטעם האהבה עצמה ראוי שייסר האב את בנו להטיבו באחריתו וכענין שנאמר כי כאשר ייסר איש את בנו ה' אלקיך מיסרך. ונמצא שהמשפט והדין עצמו ממקור האהבה הוא נובע ואין מוסרו של הקב"ה מכת אויב ומתנקם אלא מוסר אב הרוצה בטובת בנו וכמ"ש. ואולם משרש זה נולדים שני ענינים האחד - שהמוסר עצמו יהיה ממותק ולא קשה ואכזרי כי האהבה עצמה תמזוג את הדין ברחמים. והשני - שלפעמים כשהשעה צריכה לכך יעבור האדון ב"ה על שורת הדין לגמרי וינהג ברחמים וכענין שנאמר וחנותי את אשר אחון ורחמתי את אשר ארחם. והנה בהיות שרצה הקב"ה בבחירת האדם במעשיו וביושר משפט הגמול לשלם לאיש כמעשהו הנה כביכול משעבד הוא את הנהגתו למעשה האדם שלא ייטיב לו ולא ירע לו אלא כפי מעשיו. אך באמת הנה האדון ב"ה אינו משועבד לשום חק ואינו צריך לזולתו ולא מתפעל משום דבר ועל כן כשירצה להשתמש מרוממותו הנה יפעל וינהג כפי רצונו בלי הכרח או עיכוב כלל. ואולם להנהגת המשפט ינהג כפי השעבוד שזכרנו אך כשתגזור חכמתו היות נאות העברה על שורת הדין הנה ישתמש מרוממותו ויחוד שליטתו ויעבור על פשע ויתקן כל קלקול בעוצם כחו. נמצאו כאן שני מיני השגחה השגחת השכר ועונש והשגחת השליטה והיחוד ובשני הדרכים משגיח כבודו ית' תמיד על ברואיו. כי הנה הוא משגיח בהשגחת המשפט לשפוט תמיד את כל המעשה. ומשגיח בהשגחת השליטה לקיים בכחו ויכלתו את הבריאה ולא תחרב ברוע מעללי בני האדם:

<u>במצב הטוב והרע של עולם הזה:</u>

**ב.** וממה שצריך שתדע עוד כי הנה גם השפעתו תחלק לשני מינים האחד הוא למה שלגוף והשני למה שלנפש. למה שלגוף כבר ביארנו ענינה דהיינו למה שלהצלחת האדם ושלותו בעוה"ז. למה שלנשמה הוא במה שבהשכלה וידיעה ובקרבת האדם אליו ית' ויקרו ומעלתו הנפשיית. כי הנה המצב הטוב של העוה"ז באמת הוא שיהיו בני האדם דבקים לחכמה ועוסקים בעבודת בוראם ויהיה האמת גלוי וברור ויהיה הרשע נרדף ונכנע והתרמית מושלך ולא תמצא

עבודה בעולם בלתי אליו ית' וכל המדות הטובות תמצאנה ותגברנה ותרחקנה המדות הרעות ותמאסנה. וכנגד זה תרבה השלוה וההשקט ולא ימצאו יסורים ומכאובים ונזקים ויהיה האדון ב"ה משרה כבודו בגילוי בעולמו ושמח על מעשיו ומעשיו שמחים ועלזים לפניו. וההפך לכל זה בהיות בני האדם שטופים אחרי התאוה ומואסים בחכמה ורחוקים ממנה ולא פונים לעבודה כי אם מעט או כלום והאמת ארצה והרשע גובר ומצליח התרמית והטעות רבה ועבודות נכריות בעולם והמדות הטובות נעדרות והמדות רעות נמצאות מאד. וכנגד זה ההשקט חסר ואין שלוה והיסורין והנזקים רבים והאדון ב"ה מסתיר כבודו מעולמו והעולם הולך כאלו נעזב למקרה ומשולח לטבע ואין הקב"ה שמח על מעשיו ואין בני האדם שמחים לפניו ולא מכירים ויודעים מה היא שמחת הבריות לפני בוראם. ובזמן כזה הרעים גוברים והטובים נשפלים. ונמצא שהנה יושפע ממנו ית' למה שבכל הענינים השייכים לגוף בחלקי המצב שזכרנו ולמה שבכל הענינים שבו השייכים לנפש:

<u>השפעת הארת פנים והשפעת הסתר פנים:</u>

**ג.** והנה כבר נתבאר בחלק א' פרק ד' שאולם מצבו של האדם בעוה"ז הוא מצב שהחומריות והחשך שרשי בו וההארה נרכבת ומשתתפת בו שממנה הדעת והשכל. והנה בראשית תולדתו של האדם סכלותו רב ודעתו מועט וכפי התגדל הנער כך ירבה דעתו. ואמנם הסבה לכל המציאיות האלה היא השפעתו ית' כי כפי מה שיושפע על האדם כן ימצא בו מציאות וענין בכלל ובפרט. ושרש הכל הוא ענין הארת פניו ית' והסתרם שביארנו למעלה בחלק א' פרק ד' שהוא שרש מציאות הטוב והרע בכל מקום שהם. והנה ההשפעה נמשכת על פי הארת הפנים או הסתרם כפי מה שתגזור החכמה העליונה. ומהשפעת ההארה יולד הריבוי הזכות והיקר. ומהשפעת ההסתר יולד החסרון העביות והשפלות. ובהיות שמציאות הנמצאים וההנהגה הראויה להם מורכבים מהענינים האלה הרכבה רבה כי בנמצא אחד עצמו ובמה שראוי להמצא בו יהיו עניני חסרון בבחינה אחת ועניני ריבוי בבחינה אחרת עניני עביות ועניני זכות עניני שפלות ועניני יקר על כן ההשפעה שתושפע להם לפי מה שראוי המצא בם צריך שיהיה בענינה הרכבות מן ההארה ומן ההסתר כפי מה שראוי שיולד במושפעים וכפי מה שישתרש בה. וכפי הסדר שיוסדר וההדרגה שיושרשו הענינים בהשפעה כן תצא התולדה בכל בחינותיה וגבולותיה. וזה כלל גדול לכל המציאיות והמקרים בכל מקום שהם. הדרגה רביעית במצבי העולם:

**ד.** כשנביט אל כלל מצבי העולם מאז הבראו כפי המקרים שקרו בו ומה שיעדו עליהם הנביאים נמצא בדבר הדרגה רביעית ונחשוב המין האנושי כלו כאדם אחד מעת הולדו עד עמדו על פרקו כראוי. והנה נמצא מצב אחד שהסכלות והחשך גבר בו תגבורת גדול שנעדרה ממנו הידיעה האמיתית בבורא ית' ובשלימותו העדר גדול. והוא מה שקראו החז"ל שני אלפים תהו. המצב השני הוא מצב טוב מזה שזכרנו והוא כמצב זמננו זה שהנה יש לנו ת"ל ידיעת מציאותו ית' ושלימותו ותורת ה' אתנו ולפניו אנחנו עובדים. אמנם אין אות ואין נביא וחסרה ההשכלה האמיתית שהיא רוה"ק. כי אמנם מה שהאדם משכיל בשכלו על ידי עסקו האנושי לגבי מה שמשכיל ברוח שכל נשפע אינו אלא כערך הגוף אל הנשמה. מצב שלישי טוב מזה הוא כמצב זמן בית המקדש שכבר היו אותות ומופתים ונבואה במין האדם אך לא נמצא השפע הזה מתפשט בכלו אלא ביחידים וגם להם בקושי כי כבר נמצא לדבר מניעה ועיכוב. מצב רביעי טוב מכלם והוא מה שייעדו עליו הנביאים לעתיד לבא שלא ימצא הסכלות כלל ורוה"ק יהיה שפוך על כל המין האנושי בלא קושי כלל. והנה אז יקרא שנגמר בנינו של המין האנושי כי משם והלאה עילוים יהיו לו ועד נצח נצחים יתענג:

<u>גבולי ההשפעה הנפשיות:</u>

**ה.** וכשנבחין ההשפעה הנפשיית שזכרנו נמצאו עוד גבולים בבחינת הזמן והמקום ושאר התנאים. כי הנה חקק וסידר האדון ב"ה להיות נמצא ומתגלה בעתים מן העתים בדרכים ידועים זולת מה שיתגלה בעתים אחרים וכן במקום זולת מה שיתגלה במקום אחר. וכל זה בבחינות רבות ופרטים משוערים בתכלית הדקדוק כפי הראוי לתיקונן של הבריות. ובזה נתלית קדושת הימים והמקומות הקדושים שבהם יושפעו בני האדם שפע יותר גדול ויקבלו יותר הארה זכות ומעלה כפי ההדרגה המשוערת:

## פרק א - ענין הנפש המדברת

**א.** הנה כבר נתבאר בחלק א' פרק ג' ענין האדם שנמצא בו מה שלא נמצא בשום נברא אחר דהיינו ההרכבה שנרכבו בו שני מציאיות רחוקים ונבדלים זה מזה הגוף והנשמה. וזה כי הנה יש באדם מציאיות נפש כמו שיש לכל הבעלי חיים משמשת להרגשה והשכלה החקוקה בטבעו. וענין הנפש הזאת בכל הבעלי חיים הוא מציאות אחד דק מאד נמשך ובא בתוך הזרע אחרי הקלטו והוא עצמו מתפשט והולך ובונה את הגוף כפי מה שראוי למין ההוא. וכן מתפשט עמו בהתגדלו ובו תלוי ההרגש וכן ההשכלה הראויה למין ההוא. כי הנה בבעלי חיים עצמם יש הפרש גדול בהשכלתם והשכלת בני האדם נבדלת מהשכלת כלם הבדל גדול. ואולם כל זה נעשה בנפש הזאת כפי חקה הטבעי וכפי הכנת הכלים המשמשים לה בכל מין ומין לפי מה שהוא. והנה בנפש האדם יבחנו בחינות וכחות כגון הדמיון והזכרון השכל והרצון כלם כחות בנפש מוגבלים בגבולים ידועים ופועלים בדרכים מיוחדים:

ענין הנפש הנבדלת:

**ב.** אמנם מלבד כל זה נמצא עוד באדם מציאות נפשיי נבדל ועליון מאד ואין התכלית בביאתו באדם אלא לקשרו בשרשים העליונים שיש לו ליקשר בם להיות מעשיו מולידים תולדתם בכחות העליונים בכח גדול. ובמציאות הזה נמשך השפע הנשפע אל האדם מן המקורות העליונים וממנו בנפש שזכרנו וממנה בגוף. והנפש העליונה מנהגת את התחתונה ופועלת בה הפעולות המצטרכות בכל זמן מזמני האדם לפי היחם שהוא מתיחם והקשר שהוא מתקשר עם העליונים. והנה הנפש הזאת מתקשרת בתחתונה והתחתונה בחלק היותר דק שבדם ונמצאו הגוף ושתי הנשמות מתקשרים זה עם זה:

<u>פעולת הנפש הנבדלת בגוף והתפעלה ממנו:</u>

**ג.** והנה מפני הקשר הזה שנקשרת נפש זאת בגוף על ידי הנפש התחתונה נמצאת מוגבלת בגבולות פרטיים ונמנע ממנה ההשתתפות והעסק עם הנמצאים הרוחניים ונבדלים כל זמן היותה מתקשרת עם הגוף דהיינו כל ימי חיי האדם. ומתפעלת ממעשי הגוף להתקשר על ידם באור הבורא יתי' או לנטות ממנו ולידבק בכחות הטומאה ובזה תלוי הכוננה לשלימות המעותד או התרחקה ממנו. והיא פועלת באדם ומנהגת את הנפש התחתונה ומדריכתה וחוקקת בה ציורי ההשכלה לפי הכנתה ומולדת בה המחשבות והרצון כפי הצד אשר תטה לו:

<u>חלקים שנבחנים בכלל הנפש ומקריהם:</u>

**ד.** ואמנם אע"פ שקראנוה על דרך כלל נפש אחת הנה באמת היא בעלת חלקים רבים ומדריגות שונות. וכבר נוכל לומר שנפשות רבות הם שמתקשרות זו בזו כטבעות השלשלת וכמו שמכלם נבנית השלשלת ההיא כמו שראוי לה כן מכל אלה המדריגות הנפשיות נבנה כלל הנפש העליונה שזכרנו וכלם קשורות זה בזה והאחרונה בנפש התחתונה והתחתונה בדם וכמ"ש. וכבר אפשר שיסתלקו קצת מן החלקים האלה בזמן מן הזמנים וישובו אחר כך או יתוספו עליהם מדריגות וילכו להם אחר כך ולא יראה רושם מכל זה בגוף כלל. כי כבר אין פעולת הנפשות האלה בגוף דבר מורגש ואינם מוסיפים או גורעים לא בחיות ולא בהרגש אלא פעולתם במה שהוא ענינו של האדם באמתו ויחסו עם השרשים העליונים כפי מה שהוא ראוי ליקשר בם. והנה מכלל זה הוא ענין הנשמה יתירה שבאה בשבת קודש והולכת לה במוצאי שבת ואין ביאתה ולא יציאתה נרגשים לגוף. והנה כלל חלקי הנשמה מתחלק לה' ונקראים נפש רוח נשמה חיה יחידה:

ענין מזליה חזי:

**ה.** ואמנם יש לנשמה העליונה הזאת מקרים מיוחדים ראוים לה כפי ענינה ואע"פ שהיא נקשרת בקישוריה בגוף כמ"ש נשאר לה קצת ענין עם הרוחנים מה שאין קשרה בגוף מונע ממנה. אמנם אין נמשך ונולד מזה דבר מורגש וניכר בשכל האדם ומחשבתו אלא לפעמים על צד המיעוט. והוא מה שאמרו ז"ל אף על גב דאיהו לא חזי מזליה חזי שכבר הגיע הענין לנפש הזאת העליונה ולא הגיע ממנה אל המחשבה והשכל ציור שלם אלא קצת התעוררות ולא יותר:

<u>ענין החלום:</u>

**ו.** ואולם ראתה החכמה העליונה לחלק הזמן לשני חלקים האחד לפועל הבריות והאחד למנוחתם והיינו היום והלילה כי היום הוא זמן המעשה והלילה זמן המנוחה. ושם בטבע הבעלי חיים שיישנו כדי שתהא להם ולרוחותיהם מנוחה מעמלם ובאותו הזמן יחליף מציאותם כח בכל חלקיו הגופיים והנפשיים וישובו חדשים לבקרים לעבודתם כבראשונה. והנה בהיות האדם ישן כחותיו נחות והרגשותיו שקטות והשכלתו גם כן נחה ושוקטת ורק הדמיון לבדו יפעל וילך וידמה ויצייר ענינים כפי מה שיזדמן לו משארית מה שנצטייר בו בעת היקיצה ומה שיגיע אליו מן האדים והעשנים העולים אל המוח אם מן הליחות הטבעיות ואם מן המאכלים וזה ענין החלומות אשר לכל בני האדם. ואמנם חקק הבורא ית' עוד שהנפש העליונה שזכרנו תנתק קצת באותו הזמן מקישוריה הגופניים וחלקים ממנה דהיינו עד הרוח יהיו מתעלים ומתנתקים מן הגוף ורק החלק הא' שהוא הנפש יהיה

נשאר עם הנפש התחתונה. והנה החלקים המנותקים ישוטטו במה שהונח להם ויהיה להם עסק וענין עם הרוחניים עם פקידים פקידי הטבע או עם מלאכים ממלאכי החבלה או עם השדים כפי מה שיזדמן להם לפי סבה מהסבות. ולפעמים תמשיך הענין מה שהשיגה בהשתלשלות עד הנפש התחתונה ויתעורר מזה הדמיון ויצייר ציורים כפי דרכיו. וכבר אפשר שהענין שהשיגה יהיה אמיתי או כוזב כפי האמצעי שעל ידו השיגתהו וזה הענין עצמו ימשך עד הדמיון ויצטייר בדרכיו לפעמים בבלבול גדול ובתערובת רב מן הציורים הנפסדים הנמשכים מן האדים ולפעמים ביותר בירור. וכבר תגיע לאדם הודעה וגילוי אזן על ידי אמצעי הזה ממה שעתיד לבא עליו. ויקרה זה בגזירתו ית' שיודע הדבר לנשמה על ידי אחד מן המשרתים מאיזה מין שיהיה וימשך הדבר עד הנפש ויצטייר בדמיון בסיתום או בבירור כפי מה שתגזור החכמה העליונה. ועל דבר זה נאמר בחלום חזיון לילה וכו' אז יגלה אזן אנשים. נמצא כלל החלומות - ציורי הדמיון מצד עצמו או מצד מה שתעירהו הנשמה לפי מה שתשיג. ואולם אין הפועל בכל אלה אלא אחד מן הכחות הרוחנים שמודיע לנשמה והנשמה ממשכת עד הדמיון כמו שכתבנו ואם הכח ההוא ממשרתי הקדש יהיה הדבר אמת ואם מכחות ההפך יהיה הדבר כוזב והוא מה שאמרו כאן על ידי מלאך כאן על ידי שד. ובכולם יש תערובת של הציורים הנפסדים של הדמיון עצמו והוא מה שאמרו אי אפשר לחלום בלא דברים בטלים. אך עוד חלומות אחרים נמצאים והם חלומות הנבואה ונבאר ענינה בפני עצמה בס"ד:

**פרק ב - בענין הפעולה בשמות ובכישוף**

**א.** ב' פעולות לכחות א' כסדר השתלשלות והב' שלא כסדר זה:
א. כבר ביארנו בחלקים שקדמו שתחלת כל הנבראים היא כלל כחות נבדלים מסודרים בסדר מה במחלקות ידועות ומהם משתלשלים בהדרגה הגשמיים למיניהם. עוד ביארנו ענין כחות הרע שמהם משתלשלת הרעות כלם בגשמיים. עוד ביארנו שעיקר אמתת המציאות הנברא הוא מה שבשרשים הנבדלים ומה שבגשמים הוא המשך לבד ממה שנשתרש ונתיסד שם. ואולם שם נסדר ונתפשט מה שהיה ראוי להתפשט לפי אמתת מציאות הנמצאות וענינם מה שראוי להיות בשרשים ומה שראוי להיות בענפים. והחכמה העליונה המשיכה את הדברים בהשתלשלות שהמשיכה והעתיקה ענינם מצורה לצורה עד שנתקשרו ונגבלו בצורה הגשמית הזאת. ועל הגשמים כלם עומד שלשלת השרשים שלהם גבוה מעל גבוה עד הכחות הראשונים וכל אחד עומד במעמדו ומתקיים במדריגתו וגבוליו כמו שהטביע לו הבורא ית' ואינו יוצא מהם. והשרשים כלם משפיעים לענפיהם כפי ההשתלשלות מבלי שיוציאום מגבולם הטבעי כלל:

**ב.** ואמנם גזרה החכמה העליונה שיהיה עוד לכחות הפועלים בגשמים מציאות פעולה שלא כסדר ההשתלשלות דהיינו שיפעלו הם עצמם בגשמיות פעולות מתיחסות לחקם ולא לחק הגשמיות והם פעולות ישתנו בם הגשמיים מטבעם התמידי. והנה נתן לאדם יכולת שישתמש מן הנמצאות על הדרך הזה כמו שנתן לו יכולת להשתמש מהם על הדרך הטבעי ובאותו הענין עצמו שנתן לו ההשתמש בטבעי. פירוש - כי כמו שאין ההשתמש בטבעי מוחלט ברצונו כי אולם לא יוכל להשתמש בו אלא בדרכים ידועים ובגבולים מיוחדים כי הנה לא יוכל לחתוך אלא בסכין וכיוצא בו ולא יוכל לעלות אלא על ידי סולם ולא יוכל לדחוק אלא הדברים הרכים וכל כיוצא בזה. כן השימוש הרוחני לא ניתן לו אלא בגבולים ידועים ובדרכים מיוחדים כפי מה שראתה החכמה העליונה היותו נאות:

<u>שהאדם יכול להתפתח במקצת מהגופניות:</u>

**ג.** ובכלל הענין הזה עוד כי הנה כבר ביארנו היות האדם הרכבה של שני הפכים גוף ונשמה. והנה נגבלה בו הנשמה ונקשרה בחוקים שנקשרה כפי מה שגזר עליה חכמתו ית' ונמצא האדם מוגבל במצבו הגופני בחוקות הגוף ומשפטי החומר ונשמתו קשורה בעבותות אלה לא תצא מהם. ואולם רצה האדון ב"ה שיהיה דרך לאדם שיוכל להתפתח במקצת מקישורי

הגופניות הזה ושלשלאותיו ויגיעו לו ענינים שלא כמשפט הגופניות אלא כמשפט הרוחניות ועל ידי זה תגיע לו השכלה והשגה ברוחניים ועניניהם מה שהיה נעדר ממנו לפי מצבו הגשמי וגבוליו. וכן תעלה בידו יותר העמדת המציאויות כלם על המצב הטוב הנאות בהם למעלה ולמטה בשרשים ובענפים:

**ד.** והנה הכינה החכמה העליונה שימצא ביטול לגבולים מגבולי טבע החומר והעוה"ז המבדילים ומרחיקים את האדם מן הנמצאים הרוחניים ועניניהם ויותר האדם מקישוריהם ויתיצב על מצב מעולה ממצבו הגשמי עד שיותן לו קשר וענין עם הרוחנים עודנו בעוה"ז בגופו החשוך. ואולם לא כל גבולות הטבע הוחק שיבוטלו אלא קצת מהם אותם שראתה החכמה העליונה היותו נאות לכונה הכללית של ההנהגה וכמ"ש בחלק א' וגם אלה בתנאים משוערים ודרכים ידועים בתכלית הדקדוק:

<u>האמצעים שבהם יתפתח האדם מגופניות:</u>

**ה.** ואולם התקינה חכמתו ית' אמצעיים לאדם שבהם יוכל להשיג התכלית הזה אם ירצה וישתדל בם דהיינו ביטול גבולי הטבע האלה ממנו והציב עצמו במצב שזכרנו וכל ענינם תלוי במה שאפרשהו עתה:

<u>ענין שמותיו ית' והפעולה בהם:</u>

ודע כי הנה נתבאר שקיום כל המציאיות כלם בכללם ובפרטיהם אינו אלא האדון ב"ה. ונמצא שכל הנמצאות וסדריהם בין מה שבכחות העליונים בין בנבראים הרוחנים בין בגשמיים אינם מתקיימים אלא במה שהוא ית"ש נמצא להם לתלות בו. והנה הוא נמצא ומתגלה אל כל נמצאיו ומשפיע בם כפי מה שראוי להם לקיום ענינם. ונמצאו ההשפעות רבות ושונות כפי ריבוי המקבלים ושינויים. ובהשפעות ההם תלוי מציאות כל המציאיות למחלקותם וכל עניניהם. וכשימשכו ההשפעות ההם יולדו כל התולדות הנולדות מהם בכל השתלשלות הנמצאות כפי מה שסידר ויקבלו המלאכים מאורו ית' המתגלה עליהם מה שיקבלו וישפיעו העליונים לתחתונים מהם והתחתונים לתחתונים עד סוף ההשתלשלות כלו. ואמנם רצה ית"ש להיות נקרא בשם כדי שיוכלו ברואיו להתעורר אליו ולקרוא אותו להזכירו ולהתקרב אליו. והנה ייחד לכבודו השם המיוחד ואמר עליו זה שמי לעולם וכו' והוא השם שנקרא בו על שם הכבוד בעצמו כפי מה שרצה ליקרא בשם. ואמנם כפי כל פרטי השפעותיו רצה ונקרא בשמות שונים. והנה גזר וחקק שבהזכיר ברואיו את שמו ימשך להם ממנו הארה והשפעה וכענין שנאמר בכל המקום אשר אזכיר את שמי אבא אליך וברכתיך. ואולם כפי השם שיזכירוהו ויקראוהו בו כך

תהיה ההשפעה הנמשכת על ידי ההזכרה ההיא. פירוש - כי ההשפעה שתמשך תהיה ממין אותה ההשפעה שעל סודה יתיחס לו ית' השם ההוא. ואמנם בהמשך ההשפעה תולד בהכרח התולדה המחוקקת לה ויתפשט הענין בכל ההשתלשלות מן הראש ועד הסוף וכמ"ש. והנה הגבילה החכמה העליונה את הענין בגבולות ידועים ובתנאים מיוחדים שכשתהיה ההזכרה נשלמת בהם תמשך ההשפעה ההיא ותולד התולדה ולא זולת זה. והנה בכלל ההשפעות שגזר שימשכו ממנו ית' סידר שימשכו השפעות שבהגיעם למי שיקבלם יבוטלו בכחם גבולות מגבולות הטבע כמ"ש ויתקשר האיש ההוא עם הנמצאים הרוחנים ותגיע לו ידיעה והשכלה למעלה מההשכלה האנושית וענינים אחרים ענפי שרש זה והוא ענין מדריגות הרוח הקודש והנבואה וכמ"ש לפנים עוד בס"ד. והנה גזר שהמשכת ההשפעות האלה גם כן תהיה על ידי האמצעי שזכרנו דהיינו שמותיו ית' המתיחסים לו על שם השפעות אלה בכוין בהם במחשבת הלב או בהזכיר אותם בפה או צרף אותם בדברים עם התנאים מה שצריך שיחובר לזה וכמ"ש עוד בס"ד:

**ו.** והנה הדבר ידוע שאע"פ שכלל זה הענין אחד הוא דהיינו היציאה מגבולי הטבע הנה פרטי הענין רבים כפי סדרי מציאות הנמצאות והדריגותיהם. כי כפי מה שטבע הנמצאות וסדרם נותן כך יהיו פרטי ההשפעות המצטרכים להשלמת הדבר בכל בחינותיו וכפי זה ירבו פרטי ההזכרה ותנאיהם. וביציאה הזאת עצמה שזכרנו מדריגות על מדריגות ימצאו ככל שאר כללי הדברים המתפרטים בפרטיהם. ויהיה מי שיצא מקצת הקישורים והגבולים ומי שיצא מקצת יותר ועוד נדבר מזה לפנים בס"ד:

**ז.** והנה על היסוד הזה עומד המצא היכולת לאדם להשתמש בנמצאות בשימוש הרוחני וכמש"ל ולפעול פעולות גדולות וחזקות מה שאינו באפשרות השימוש הגשמי. וזה כי הנה האדון ב"ה הכין סדרי המציאיות וכונניותיהם על זה הדרך שכלם נקשרים זה בזה וכלם תלוים בהשפעותיו ית' שזכרנו באופן שכשתמשך אחת מן ההשפעות על ידי הזכרת אחד משמותיו ית' כמ"ש הנה תולד מזה התולדה עד סוף ההשתלשלות. כי הנה הוא ית"ש ימצא לקוראיו באותו השם כפי מה שסידר ורצה ויאיר אותו האור וישפיע אותה ההשפעה שבה תלוי מציאות הענין ההוא המבוקש עד סוף הענין שבגשמיות. ואמנם עוד ענין אחד חקק הבורא ית' שמו על זה הדרך והוא כי הנה המלאכים כלם בכל מדריגותיהם הנה נמסר בידם כח לפעול פעולות מה שנמסרו להם והנה אינם פועלים בתמידות אלא כפי הסדר שהוסדר להנהגה הטבעית התמידית של העולם.

אמנם יש בכחם שיכולים לפעול ממין הפעולה ההיא יותר ממה שפועלים בתמידות וביותר כח וחוזק שלא כסדר התמידי. ובזה הדרך יפעלו פעמים רבות במעשה הנסים והנפלאות שיחודשו בעולם כפי רצונו ית' בעת שירצה. ואמנם רצה האדון ב"ה ונתן כבוד לשמו שכשיוזכר על המלאכים לפי הסדר שסידר דהיינו על מלאכי פעולה אחת השם שנתיחם לו ית' על שם ההשפעה שבה נתלה הענין ההוא כלו הנה יוכרח המלאך לפעול באותו הכח היתר שנמסר בידו לאותה הפעולה כפי מה שיכריחהו המזכיר את השם עליו. ונמצאו בענין הזה שני שרשים הא' הוא הזכרת שמו ית' כמי שקורא אותו שיענהו וימשיך על ידי זה ממנו השפעה שבהמשכה יחודשו ענינים מה שיחודשו. והב' - הכריח את המלאכים על ידי שמו ית' שיפעלו מה שבידם לפעול יתר על הסדר התמידי. ואמנם אין שום אחד מן הענינים האלה מוחלטים לכל רצונו של האדם אלא מוגבלים בגבולים ובתנאים ומשוערים עד היכן יגיע היכולת להשתמש בהם ובאיזה דרך יצליחו. וכבר אפשר שתמנע התולדה ויעוכב הפועל אפילו באותו השיעור עצמו שניתן להשתמש בו כמו שתמנע תולדת השימוש הטבעי גם כן בגזירתו ית' אם יגזור על זה. ואולם לשרש הא' שהוא הזכרת שמו ית' להמשך ממנו ההשפעה ודאי שיצטרך הקורבה אליו ית' והדביקות בו. וכל מה שירבה הענין הזה יצלח הדבר ביד העושה אותו וכל מה שימעט יתקשה עליו השגת התכלית. ולשרש הב' אין תנאי זה מצטרך אע"פ שלא יניח מהיותו עוזר לו אם ימצא. כי הנה אחרי שהושם בסגולת השמות האלה שיוכרחו המלאכים בהזכרתם הנה שבו גם הם ככל הכלים הטבעיים שיפעל בם המשתמש בם כפי רצונו אם ישתמש מהם בדרך שימושם כראוי. אכן הדבר ברור שאינו ראוי והגון להדיוט שישתמש בשרביטו של מלך ועל דבר זה אמרו ז"ל ודאשתמש בתגא חלף. ואין היתר בדבר אלא לקדושים הקרובים לו ית' ודביקים בו שישתמשו בזה למה שיולד ממנו קידוש שמו ית' ועשית רצונו באיזה צד שיהיה. וזולת זה אע"פ שלא תמנע הפעולה למשתמש אם ישמור דרכי השימוש כראוי ענוש יענש על זדונו. וכבר אמרתי שעל כל פנים אין הדבר מוחלט אלא מוגבל בגבולות מה שראתה החכמה העליונה היותו נאות. וגם באותו הגבול עצמו גזירתו ית' תמנע התולדה כל זמן שירצה כשתגזור חכמתו היות המניעה ראויה ונאותה:

<u>ענין גם את זה לעומת זה עשה האלקים:</u>

**ח.** והנה אחרי היות גזרת חכמתו שיהיה בעולם טוב ורע היה הסידור שימצא באמת הרע בכל

המדריגות שאפשר לו לימצא ותהיה העבודה לאדם שימנע ממנו השליטה והפעולה בכל דרכיו ומדריגותיו עד שיוסר ענינו לגמרי מן הבריאה כלה. ואולם תראה שהאדון ית"ש הנה אמתת ענינו שוללת ממנו כל מין חסרון שיהיה כמ"ש בחלק א' פרק א' ורק בברואים אפשר שימצאו החסרונות והרעות. והנה היה הסידור שיבראו מדריגות טוב לברואים ויברא להם ההפך שהוא הרע שהוא המציאות מה שאפשר שיהיה לרע ויבא האדם בעבודתו ויסיר מענינו ומן הבריאה כלה את הרע כלו ויקבע בו ובבריאה את הטוב לנצח נצחים. ועל כן היה הסידור שכל ענין טוב ימצא כנגדו ענין רע והוא מה שאמר הכתוב גם את זה לעומת זה עשה האלקים. ורק בדבר אחד יתר הטוב על הרע שהטוב שרשו הוא שלימותו ית' הקדום והנצחי והרע אינו אלא דבר נברא לשיבוטל ואין לו לשמש אלא כל זמן ההשתדלות של האדם שזכרנו למעלה:

ענין הכשפים:

**ט.** והנה על פי הדרך הזה כמו שהמציא לאדם דרך להשיג בו הארה והשכלה ורוח הקודש שלא כדרך הטבע הגשמי כן הוצרך שימצא לטוב הגדול הזה ההפך והוא שיוכל האדם להמשיך חשך ועכירות ורוח טומאה שלא כדרך הטבעי והוא ענין טומאות הכישוף והדרישה של המתים שהרחיקתנו התורה מהם. וענינם הוא המשיך על ידי הזכרות בתנאים ידועים השפעות הטומאה וזוהמא מה שהוא הריחוק היותר גדול ממנו ית' הפך הדביקות בו ממש. והדבר נמשך מאותם כחות הרע שזכרנו בחלק א' פרק ה' שהושמו להם בגזירתו ית' שמות יוזכרו בם וימשך על ידי זה מהם משך הטומאה במדריגות ידועות שלא כדרך הטבע וכן יעשו על ידיהם מעשים שלא כמעשים הטבעים כמעשה החרטומים וזולתם כפי מה שנמסר בכח הפועלים ההם לפעול ובאותם הגבולים שהושמו להם. וכן על ידי השדים יעשו מעשים כאלה לפי מה שנמסר בידם גם הם שיעשו ובגבולים המיוחדים להם. והנה באותו השיעור שניתן להם היכולת לפעול גזר האדון ב"ה שידחו מפניהם פקידי הטבע המחזיקים עניני העולם על מצבם הטבעי וכל המלאכים המביאים ההשפעות כפי הסידור המסודר. ועל זה אמרו ז"ל כשפים - שמכחישים פמליא של מעלה. אך לא יהיה זה אלא כשיעור ההוא ולא יותר. וגם באותו השיעור כבר אפשר שידחו הם מכח חזק מהם ותמנע פעולתם בגזירתו ית'. ועל זה אמרו אין עוד מלבדו - ואפילו כשפים. וביארו שזה למי שזכותו רב שמן השמים יצילוהו וידחו את הרוצים להרע לו והוא מה שאמרו שאני רבי חנינא דנפיש זכותיה:

## פרק ג - בענין הרוח הקודש והנבואה

ענין רוח הקודש:

**א.** הנה חקק הבורא ית' בטבעו של האדם שיהיה מתלמד מבין ומשכיל בהשקיפו על הנמצאים ובחינותיהם וממה שמתגלה לפניו יתבונן וידרוש את שאינו מתגלה עד שישיגהו ויעמוד עליו וזהו דרך ההשכלה הטבעית. אמנם עוד גזר שימצא לו השכלה מעולה מזו מאד והיא ההשכלה הנשפעת והיינו שיושפע לו שפע ממנו ית' על ידי איזה אמצעיים שהכין לזה ובהגיע השפע ההוא אל שכלו יוקבע בו ידיעת ענין מה בבירור בבלתי ספק ובבלתי טעות וידע הדבר בשלימות סבותיו ותולדותיו כל דבר במדריגתו וענין זה נקרא רוח הקדש:

מושגי רוח הקודש:

**ב.** והנה בדרך זה ישיג ענינים מה שבגדר ההשכלה הטבעית אך ביותר בירור וכמ"ש וישיג גם כן ענינים מה שאין בגדר ההשכלה הטבעית שתשיגם ומכלל זה העתידות והנסתרות:

נצנוץ רוח הקודש - העלם:

**ג.** ואולם מדריגות על מדריגות נמצאו בדבר בין בענין כח השפע הנשפע בין בזמן השפעו בין בדרך הגיעו אל האדם ובמהות הדברים המתגלים ונודעים לו על ידי זה. אמנם בכלם תהיה ההשפעה בדרך שירגיש בה המושפע בבירור. אכן עוד יקרה שיושפע בלב האדם שפע שיעמידהו על תוכן ענין מהענינים אך לא ירגיש בו המושפע אלא כמי שנופלת מחשבה בלבבו ויקרא זה לפעמים על דרך הרחבה - רוח הקדש בדברי חז"ל או השפעה נסתרת. אבל רוח הקדש באמת הוא שיהיה ניכר ונרגש בבירור לבעליו וכמ"ש:

ענין הנבואה:

**ד.** ואמנם למעלה מכל זה יש מעלה אחרת והיא הנבואה. וענינה שיגיע האדם ויתקשר בבורא ית"ש ויתדבק בו דביקות ממש באופן שירגיש ההתדבקות וישיג מה שהוא מתדבק בו דהיינו כבודו ית' על הדרך שנבאר לפנים ויהיה הדבר ברור אצלו ומורגש ממנו בלי ספק כלל כדרך שלא יסתפק בדבר גשמי שירגישהו בחושיו. והנה עיקר הנבואה הוא השיג הדביקות והקשר הזה עודו בחיים שזה שלימות גדול ודאי. ואולם יתלוה לזה ידיעות והשכלות כי אמנם ישיג על ידי זה ענינים אמיתים ונכבדים מאד מסתרי סודותיו ית' וישיגם בבירור בדרך ההשכלה הנשפעת שזכרנו וביותר כח מבעל רוח הקדש וכמ"ש עוד בס"ד:

דרך השגת הנביא:

**ה.** אך דרך ההשגה הזאת הוא שתהיה על ידי אמצעיים שלא יתדבק האדם ולא ישיג את כבודו

ית' כמי שרואה את חבירו לפניו אלא על ידי משרתים ישמשו להשגה שימוש הזכוכית לעין שעל ידם יושג הכבוד. אך המושג באמת יהיה הכבוד ולא אחר אלא שתשתנה ההשגה כפי שינוי האמצעיים כראיה באמפקלריות. ויבחן בזה מדריגות הריחוק והקירוב ובהירות האספקלריא ועכירותה:

<u>אופן ההנבא:</u>

**ו.** והנה בהגלותו ית' ובהשפע שפעו על הנביא יגבר עליו תגבורת גדול ומיד חומרו וכל איברי גופו יזדעזעו ויחשבו להתהפך כי זה מחק החומר שלא לסבול גילוי הרוחניות כל שכן גילוי כבודו ית'. והנה הרגשותיו יבטלו וגם פעולותיו הנפשיות לא יפעלו כלל מעצמן אבל תשארנה כלן תלויות בו ית' ובשפעו הנשפע. והנה מצד ההתדבקות שנשמתו מתדבקת יתוסף בה מציאות השכלה חוץ מגדר כל ההשכלה האנושית לגמרי כי תהיה השכלה בה לא מצד מה שהיא בעצמה אלא מצד היות השרש העליון מתקשר בה ואז מה שתשיג יהיה בדרך יותר נשגב ממה שהוא המושג ממנה מצד עצמה. ובזה יפה כחו של הנביא מבעל רוח הקדש אפילו בהשגת הידיעות כי הרי הוא משכיל בהשכלה עליונה מכל השכלה שאפשר לאדם והיא השכלה בבחינת היותו קשור בבוראו. והנה גילוי כבודו ית' הוא יהיה הפועל בכל מה שימשך לנביא בנבואתו. והנה ממנו ימשך בכח הדמיון שבנפש הנביא ויצויירו בו ענינים מה שיוכרח בו מכח הגילוי העליון ולא מצד עצמו כלל. ומתוך הדמיונות ההם תמשך בו מחשבה והשכלה שחקיקתם תהיה מכח הכבוד המתגלה וישאר הענין קבוע בשכלו שגם כאשר ישיב למצבו האנושי תמצא הידיעה בו בבירורה. זה כלל ענין הנבואה לכל הנביאים אך פרטי המדריגות רבים וכמש"ל בס"ד. ועל הכל מדריגתו של משה רבינו ע"ה שהעידה עליו התורה ולא קם עוד נביא בישראל כמשה אשר ידעו ה' פנים אל פנים:

## פרק ד - במקרי הנבואה

<u>הנביא ישיג כל עניני ההנבא בלי ספק:</u>

**א.** הנה הנביא כשיגיע למדריגת הנבואה בשלימות ישיג את כל המגיע לו בהשגה ברורה ובידיעה שלימה. פירוש - כי אע"פ שלפי ההדרגה שזכרנו בפרק הקודם יקדמו לו הדמיונות ואחר כך יגיע אל המחשבה כפי הדרכים שזכרנו הנה בהגיעו אל בירור נבואתו ישיג היותו נביא באמת פירוש - היותו מתקשר בו ית' והיותו ית"ש מתגלה לו ופועל בו כל אותם הפעולות. וישיג היות הדמיונות אשר נצטיירו בו דמיונות נבואיים נפעלים משפעו ית' השופע עליו והקבע בו ידיעת הענין אשר יקבע על ידי שפעו זה ולא ישאר לו שום ספק לא בנבואתו ולא בבחינותיה לא הקודמות ולא הנמשכות:

<u>ענין המתלמדים בנבואה:</u>

**ב.** וממה שצריך שתדע שהנה לא יגיע הנביא אל המדריגה העליונה בפעם אחת אבל יעלה מעלה אחר מעלה עד הגיעו אל הנבואה השלימה.

ויש בדבר התלמדות כמו כל שאר החכמות והמלאכות שיעלה האדם במדריגותיהם עד שיעמוד על בורין. וזה ענין "בני הנביאים" שהיו עומדים לפני הנביא להתלמד בדרכי הנבואה מה שהיה מצטרך לזה:

<u>נבואה בלתי ניכרת:</u>

**ג.** והנה אפשר שיגיע גילוי ממנו ית' אל אדם והוא לא יכיר בו כמו שיכיר הנביא אלא יחשבהו בא מן המורגשות עד שיגבר עליו השפע הנבואיי ואז יכיר הענין כמות שהוא באמת. ומן המין הזה היתה קריאת ה' לשמואל שלא התנבא מתחלה ולא שפע עליו השפע אלא שנגלה עליו קול כקול מורגש ולא השיג בזה יותר אבל אחר כך שפע עליו השפע והכיר והשיג הנבואה בדרכיה. וכן מראת הסנה למשה בתחלה לא נגלה לו אלא כמורגשות וראה הסנה בוער באש והקב"ה קראו כקולו של אביו אך אחר כך שפע עליו השפע והשיג הנבואה לאמתה:

הלימוד למתלמדים:

**ד.** ואולם יתלמדו המתלמדים בנבואה בענינים ידועים מה שימשיך עליהם השפע העליון ויבטל מניעות חומר הגוף וימשיך גילוי אורו ית' וההדבקות בו וכללם - כונות והזכרות שמות הקדושים והלולים בתהלות יצורפו בם שמות בדרכי הצירופים וכמש"ל. וכפי מה שיהיו זוכים במעשיהם ומזדככים והולכים על ידי ענינים האלה כך יתקרבו אליו יתברך ויתחיל השפע וישפע עליהם וישיגו השגות אחר השגות עד שיגיעו אל הנבואה. והנביא המובהק ויודע כבר דרכי הנבואה על נכון ילמדם כל אחד לפי הכנתו מה יעשו להשיג את התכלית המבוקש. וכן כשיתחילו הגילויים עליהם ילמדם הנביא כפי ענין

הגילוי המתגלה ומה שיחסר עוד להם מן התכלית אשר הם מבקשים. והנה יצמרכו למלמד ומדריך עד עמדם על בוריה של הנבואה בשלימות. כי אע"פ שכבר יתחיל בגילוים והשפע עליהם השפעות לא מפני זה ימצאו מגיעים אל סוף הענין מיד אבל הדרכה רבה יצטרכו להגיע אל הסוף על נכון כל אחד לפי מעלתו והכנתו:

הבדל הנביאים:

**ה.** ואמנם גם אחרי השיגם מעלת הנבואה יבחנו הנביאים זה מזה במעלה ומדריגה בין בכמות בין באיכות. פירוש - כי יש שיתנבא פעמים רבות ויש שלא יתנבא אלא מעט. וכן באיכות הנבואה עצמה יש שישיג התדבקות גדול בו ית' וישכיל השכלות גדולות מאד ויש שהתדבקותו לא יהיה כל כך וכן השכלתו. אמנם בזה ישוו כל המתנבאים שיהיה להם דביקות ניכר להם בו ית' וגילוי ממנו ית' אליהם ניכר אליהם בבירור שלא יסתפקו בו אלא שבהתדבקות עצמו ובגילוי וההשכלה יבחנו המדריגות הרבות שיבחנו:

שליחויות הנביאים:

**ו.** וממה שיגיע לנביאים הוא היותם משתלחים בשליחות ממנו ית' והיינו כי לא זה הוא עצם הנבואה ואינו מוכרח כלל בנביא שישתלח לאחרים אבל עצם הנבואה כבר ביארנוהו שהוא התדבק בו ית' והגלותו ית' אליו ויתלוו לזה הידיעות וההשכלות שיתלוו. ומן המקרים שקורים פעמים רבות לנביאים הוא השתלחם לאחרים. וכבר אפשר שיגיע זה אל נביא מובהק ובקי מאד בדרכי הנבואה ויודעם על בורים. ואפשר שיגיע אל מי שלא יהיה כל כך בקי ומלומד בזה ומצד זה אפשר שיקרו טעויות לנביאים לא במה שיתנבאו אלא במה שיעשו הם מדעתם ולא ישלימו מה שראוי בשליחותם ויענשו. וכמעשה הנביא של ירבעם שעבר על דברי עצמו ונמשך לו מהיותו בלתי מדוקדק בדרכי הנבואה וכמ"ש ז"ל על זה בש"ס )סנהדרין פט(:

אפשר שיתעלם מן הנביא ממה שנכלל בנבואתו אך אי אפשר שיראה מה שאינו:

**ז.** והנה עוד אפשר לנביא מן הנביאים שישיג ענין אמיתי בנבואתו אך לא ישיג כל הענינים האמיתיים שנכללו בה. דרך משל נבואתו של יונה בן אמיתי שנאמר לו ונינוה נהפכת ונכללו בדיבור הזה שתי הבנות אמיתיות אחת - העונש שהיה מעותד להם כפי חטאם והשנית - מה שהיה צפוי לפניו ית' שיקרה בהם דהיינו שיהפכו מרעה לטובה. ואולם אלו לא היה נכלל באמת בדיבור אלא ענין העונש לבדו כשהיה הקב"ה שב ונחם על הרעה היה מגלה הדבר לנביאים ובפרט ליונה שהיתה מתחדשת עליהם גזירה

זולת הראשונה. אמנם בהיות שכלל הקב"ה בדיבור הא' שתי ההבנות לא הוצרך חידוש גזירה עליהם אלא שנתקיים הדיבור בהבנה הב' ולא בא'. אכן יונה לא השיג בתחלה אלא ההבנה הא' ולא הב' והוא מה שאמרו ז"ל יונה איהו דלא אבחין:

<u>ענין הנבואה ומלותיה ומעשיה:</u>

**ח.** ואמנם צריך שתדע שהנה בנבואת המתנבאים יבחנו שתי הבחנות הא' הענין והב' הדברים והמלות. וזה כי הנה יש שישיג הנביא ענין מהענינים ולא יוגבל לו במלות אלא יגידהו הנביא במלות כרצונו.

ויש שישיגו ענין מוגבל במלות גם כן כגון נבואותיהם של ישעיה ירמיה ושאר הנביאים הנכתבים לדורות שהנה נגבלו מלותיהם בנבואה לכלול ענינים רבים כאחד. וגם בזה תשתנה המליצה כפי הכנת הנביא עצמו ודרכיו וגם ישתוה לטבע לשונו ודרך דיבורו.

ופעמים רבות ניתן לנביאים לעשות מעשים עם נבואתם כגון איזורו של ירמיה ועולו ולבנה של יחזקאל ורבים כאלה. וענינם היה שעל ידי המעשים ההם היו מתעוררים כחות מכחות העליונים מה שהיה מצטרך לפי אמתת הענין שעליו היתה הנבואה בכל בחינותיו ומאז היו מזדמנים ונפקדים להוציא הדבר לפועל בזמן הראוי לו:

<u>שיתוף תואר הנביא:</u>

**ט.** עוד צריך שתדע כי הנה תואר נביא באמת ובדקדוק לא יאות אלא למי שכבר השיג הנבואה על בוריה ונתברר לו היותו מתנבא ממנו ית' וכמש"ל. ומי שהגיע לזה לא ישאר לו ספק בנבואתו כלל ולא יפול בו טעות בנבואתו. אמנם על דרך הרחבה יתואר בתואר זה גם מי שיתחיל בהשגות הנבואיות והגיע לו גילוי חוץ לגדר האנושי. ואולם מי שלא השיג אלא השגות אלה אינו עדיין בטוח בענינו ואפשר לו שיכשל וכענין נביאי אחאב שנבאר לפנים בס"ד. ואמנם היודעים דרכי הנבואה על בורים יודעים כל זה על נכון יודעים המכשולות האלה שאפשר שימצאו ומכירים סימניהם והדרך לינצל מהם עד הגיע אל אמתת הנבואה. ואלה היו מלמדים את התלמידים כמש"ל וממלטים אותם מן הטעויות ומעמידים אותם על האמת:

ענין נביאי השקר:

**י.** ואולם עיקר הענין הזה הוא מ"ש בחלק א' פרק ה' מאותם כחות הטומאה שנמצאים בעולם ופועלים כפי מה שהוחק בטבעם ונמסר בידם. והנה יש בכחם שיטעו את האדם במה שיושפעו עליו השפעות בדרכים כעין דרכי הנבואה האמיתית ויגלו לו ענינים אמיתים וכוזבים ויחדשו לו קצת ענינים נפלאים וכמו שאמר הכתוב בפירוש בנביא השקר ונתן אליך אות או מופת ובא האות

והמופת. והנה דבר זה אפשר שיקרה לאדם שלא ברצונו ואפשר שיקרה לו ברצונו. והיינו שאפשר שיקרה לו מקרה זה והוא לא השתדל עליו או השתדל על הפכו והגיע לו זה מפני שלא נשלם במעשיו והשתדלותו. ואפשר שיגיע למי שרצה בו ברשעו והשתדל להשיגו והיינו שילך אחרי הכחות האלה וישתדל להדבק בם ברצונו להשיג מהם מה שיחפוץ להשיג דהיינו שיגלו לו ענינים כמ"ש שבהם יחזיק עצמו לפני בני האדם לנביא ויסיתם כמו שיחפוץ או יתכבד בעיניהם. ומן המין הזה היו נביאי הבעל והאשרה שהנה היו משתדלים בזה עד שהיו מתדבקים בכחות האלה ומשיגים ידיעת קצת דברים שעל ידיהם היו מפתים המאמינים בם וכן מחדשים בכח זה נפלאות לאות על נבואתם וכמ"ש.

ואמנם הם בעצמם היו יודעים שאין זה להם אלא מצד הטומאה מה שבחרו להם ולא היו חושבים בעצמם שהם נביאים אלא ברשעת לבבם היו עושים כן. אך גם למי שלא השתדל על זה היה אפשר שיקרה זה כמ"ש ועל כן היו צריכים המשתדלים לנבואה למלמד מובהק שילמדם כמ"ש ועל ידו היו נצולים. וכל זה עד שיגיעו למדריגת הנבואה באמת כי כיון שהגיעו לה כבר ראו ההפרש הגדול והכירוהו ואי אפשר להם עוד שיסתפקו בזה כלל וכמ"ש:

<u>ענין צדקיה בן כנענה וחביריו:</u>

**יא**. והנה מן הדרך הזה היה הענין שקרה לנביאי אחאב ברוח שפיתם. וזה כי הנה מפני מעשיו נגזר עליו שילך ויפול ברמות גלעד והיה ראוי שיהיה לו פיתוי חזק שעל ידו ימשך וילך אל המלחמה ההיא ולא יסוג ממנה אף שיקרה לו מה שהיה ראוי שימנעהו וכמה שאירע באמת שאמר לו יהושפט דרש נא כיום דבר ה' ולא הספיק לו נבואת הנביאים ההם שכל זה היה צפוי לפניו ית'. והנה בהיות המשפט נערך לפני בית דין שלמעלה היו מקטרגים ומלמדים זכות ונזמנים ענינים לפתותו ונמצא היותר הגון ענין הרוח והוא כי כל אותם נביאי השקר היו מתנבאים לעיניו ובפניו של אחאב והיינו שהיו עושים אותם המעשים ומשתדלים באותם הענינים שעל ידיהם נמשך גילוי הנבואה. והנה הם לא היו משתדלים אלא להמשיך גילוי הטומאה שזכרנו למעלה ולא יותר אלא שהיו מרמים במלך ומראים לו שממשיכים גילוי אורו ית'. אמנם על כל פנים היו משתדלים בהמשכה לפניו והיה נמשך עליהם באמת הגילוי אשר היו מבקשים. ודבר זה היה נעשה לעיני המלך ליתחזק יותר באמונה בם והוא שאמר הכתוב וכל הנביאים מתנבאים לפניהם. והנה מה שהיה נמשך להם באותה הנבואה הטמאה היו מלות אלה עלה והצלח ונתן ה' ביד המלך אלה היו הדברים שהיה הרוח

ההוא מדבר בפיהם ולא היו
טועים הם בעצמם כי הם היו
יודעים השתדלותם מה היה אלא
אחאב היה טועה בהם ומתפתה
עד שלא האמין לדברי מיכיהו
מרוב אמונתו במה שהיה רואה
בנביאי השקר שלו. ואמנם צדקיה
בן כנענה הוסיף על שאר הנביאים
ההם כי הם לא אמרו אלא כפי מה
שנמשך להם מאותו הרוח אך
צדקיה הוסיף לעשות כעין מה
שהיו עושים נביאי האמת. וזה כי
כבר האמין בגילוי ההוא וחשב
היותו אמיתי ונמשך מלפניו ית' עד
שהזיד לומר כה אמר ה' באלה
וכו'. והנה הוא לא לומד בדרכי
הנבואה האמיתית כראוי ולא
הבחין בין השקר והאמת ועל כן
אמרו ז"ל עליו שאמר מה שלא
שמע וכן אמרו רוח נבות אטעיתיה
ואמרו עוד איבעי ליה למידק כפי
מה שהזהירו יהושפט שאין שני
נביאים מתנבאים בסגנון אחד.
והנה באמת קרה לנביאים ההם
באותו הזמן גילוי יותר ממה שהיו
רגילים להשיג ובדרך שונה ממה
שהיו רגילים עד שטעה צדקיה
ונדמה לו שאותה הפעם היתה
נבואתו אמיתית אע"פ
שהשתדלותם לא היה אלא לצד
הטומאה כמ"ש אבל זאת היתה
נסבה מאת ה' וכמ"ש והבן היטב:

## פרק ה - בהבדל שבין נבואת כל הנביאים למשה

<u>הפרש בין כל הנביאים למשה רבינו עליו השלום:</u>

**א.** הנה מדריגות הנבואה על דרך כלל יתחלקו לשתים אחת - מדריגת כל הנביאים חוץ ממשה רבינו ע"ה והשניה - מדריגת משה רבינו ע"ה. והקב"ה בעצמו חילקם בחילוק זה וביאר הבדלם בכתוב אם יהיה נביאכם ה' במראה אליו אתודע וכו' לא כן עבדי משה וכו': נבואת הנביאים ע"י מראה או חלום:

**ב.** כלל כל הנביאים חוץ ממשה נבואתם על ידי מראה או חלום וכמו שכתוב במראה אליו אתודע בחלום אדבר בו. והיינו שהקב"ה משתמש מן החלום החקוק כבר בטבעם של בני האדם להיות לאמצעי להמשיך על ידו הנבואה לנביא. ולא שהנבואה והחלום ממין אחד אלא שהחלום הוא דבר הגון לפני חכמתו ית' שיהיה אמצעי להמשך הנבואה על ידו. ולא אמרו ז"ל חלום אחד מששים בנבואה אלא מצד היות בו הגדה והודעה למעלה מגדר ההודעה הרגילה לבני האדם כפי חק השכלתם וכמ"ש למעלה:

**ג.** והנה בהתגבר שפע הנבואה על הנביא יצא מהרגשותיו וחושיו וישתקע כמו בשינה ותשאר מחשבתו כמחשבת הישן וחולם ואז תמשך לו הנבואה. ואמנם אפשר שיגיע הדבר הזה אל הנביא בעת יקיצתו על הדרך שזכרנו ואפשר שבשכבו על מטתו בחלום הלילה תמשך לו הנבואה. אמנם על כל פנים לא תגיעהו הנבואה אלא אחר היותו חוץ מחושיו ומשוקע באותה התרדמה. אמנם אפשר שיקרה הדבר במיעוט זמן וישוב תכף אל מצבו הראשון אלא שבעת הנבאו יצא מן ההרגש ונשתקע בתרדמה לשעה עד שיקבל הנבואה:

**ד.** ואמנם ראיתם של הנביאים אינה אל כמי שרואה באספקלריא שבו רואים את הנושאים המצטיירים. אך אינם רואים כמי שרואה את חבירו לפניו ולא כמי שרואה באספקלריא אחת אלא כמי שרואה מתוך אספקלריאות רבות שנעתק בהן הציור מזו לזו. אך הנראה הוא אחד ודאי ותנועותיו נראות מתוך האספקלריאות אע"פ שאין מביטים אליו באורח מישור. ולא עוד אלא שאין ראיתם אלא כמי שרואה מתוך אספקלריא בלתי מצוחצחת שאי אפשר לו לראות הנושא בבירור גמור. כך אי אפשר להם לראות הכבוד אפילו אחר כל העתקי הציורים הללו בבירור אע"פ שמה שרואים באמת - הוא כבודו ית' ואין בזה ספק אצלם כלל. וגם בכל זה יש מדריגות רבות והבדל בין נביא לנביא שיש שאספקלריא שלו מצוחצחת משל חבירו ומשיג ביותר בירור. ואולם הנביא המשיג כל זה משיג הענין לאמתו דהיינו כי הנה מתברר אצלו שהמתגלה ומתודע אליו הוא

הבורא יתברך ומשיג ענין האספקלריא מציאותו וסודו ומשיג ומשכיל ההשכלות הנשפעות לו באמת ובבירור וכמ"ש למעלה בפרק ג'. ואמנם כמו שהתודע הכבוד אליו הוא על ידי כל העתקי הציור האלה כן הידיעות המגיעות לו הם על ידי חידות ומשלים ובדרך החלום שהוא האמצעי שעל ידו הנבואה מגעת וכמש"ל:

<u>נבואת משה:</u>

**ה.** אך נבואתו של משה היא בדרך יותר עליון מכל זה והוא א' שלא היה צריך לצאת מחושיו והרגשותיו ולא לחלום כלל אלא היתה הנבואה מגעת לו עודו במצבו התמידי וזהו שנאמר בו פה אל פה אדבר בו. והיה מתגלה לו הענין כמי שרואה מתוך אספקלריא אחת לבד והיא עצמה מצוחצחת וכן הידיעות היו מגיעות לו בבירורם ולא על ידי חידות והוא שנאמר ומראה ולא בחידות. ואולם גם לו היה הכבוד מתגלה כפי מה שאפשר לו לקבל וכמי שדיוקנו מצטייר בתוך המראה כי זולת זה אי אפשר לאדם שישיג את בוראו אבל היה בדרך שלפחות הציור ההוא היה משיגו כלו ובבירור כמי שרואה באספקלריא מצוחצחת ומאירה שאין עיכוב לראיתו. ועל זה נאמר ותמונת ה' יביט כי אותו הציור המצטייר שהוא התמונה היה מביט אותו יפה יפה. מה שאין כן שאר הנביאים שאפילו אותו הציור לא היה אפשר להם שיעמדו עליו היטב. והנה מתוך הציור שהיה משיג היה משכיל השכלה גדולה וברורה מאד יותר מכל שאר הנביאים וכמ"ש:

**ו.** ועוד הבדל היה בין שאר הנביאים למשה ששאר הנביאים לא היה בידם להנבא בכל שעה אלא בשעה שהיה הבורא ית' רוצה היה משרה שפעו עליהם ומתנבאים. אך משה הדבר היה תלוי ברצונו והיה מסור בידו להתקשר בו ית' ולהמשיך אליו הגילוי כפי הצורך. עוד שאר הנביאים לא היו משיגים אלא ענינים פרטים מה שהאדון ב"ה היה רוצה לגלות להם אך משה זכה שיגלו לו כל סדרי הבריאה וניתן לו רשות לחקור את הכל ולחפש הכל ונמסרו בידו כל המפתחות שנמסרו לבן אדם מעולם והוא מה שאמר הכתוב בכל ביתי נאמן הוא וכן נאמר אני אעביר כל טובי על פניך:

<u>נבואת ישראל בתפארת:</u>

**ז.** והנה הנביאים כלם כמו שהיו משיגים הציור שהיה מצטייר להם מן הכבוד כמו שזכרנו והיו משיגים סוד הציור וענינו פירוש סוד המצא זה הענין שיהיה הכבוד מצטייר ואיך נמשך זה ומה הכונה בכל זה וכן היו משיגים השכלה אמיתית בסודות גדולתו ית' על ידי הציור ההוא - כן היו משיגים אמתת הדבר שבו ית' באמת אין שום ציור כלל ושאין הציור ההוא אלא דבר נעשה לעיני הנביא ברצונו ית' על הטעם הידוע אצלו.

ועל דבר זה נאמר לישראל
ותמונה אינכם רואים זולתי קול וכן
כי לא ראיתם כל תמונה. כי הנה
שני הדברים השיגו באמת השיגו
תחלה שאמתת מציאותו ית' אין
בו שום ציור כלל ועיקר והוא
משולל מכל אלה הדמיונות
לגמרי. ואחר הידיעה הזאת
נתגלית להם גם כן תמונה מן
התמונות הנבואיות שעליה נאמר
ויראו את אלקי ישראל וכו'. ולזה
קראו החכמים ז"ל (ספרי במדבר
יב ח) מראה דיבור שאינו מראה
הכבוד באמת אלא מראה
שמצטייר מכח הדיבור שהוא
כענין הציור המצטייר
באספקלריא וכמש"ל שעל ידו
משיגים פרטי ענינים בסודות
אלקותו ית' ובריאתו והנהגתו וכמו
שביארנו:

## פרק א - חלקי העבודה

**א.** כלל העבודה מתחלק לשני חלקים: האחד, התלמוד. והשני, המעשה:

חלקי המעשה:

**ב.** המעשה מתחלק לארבעה: האחד, תמידי. השני יומיי. השלישי זמניי. הרביעי מקריי:

**ג.** התמידי הוא מה שיחויב בו האדם תמיד כגון אהבת ה' ויראתו. היומיי מה שיחוייב בו בכל יום והיינו הקרבנות בזמן הבית ועכשיו התפלות וקריאת שמע. הזמניי מה שיחויב בו בזמנים ידועים כגון שבתות וימים טובים. המקרי מה שיחויב בו לפי מה שיגיעו לו מן המקרים כגון חלה ומעשר פדיון הבן וכיוצא. ובכל אחד מאלה ימצאו ציווים ואזהרות דהיינו עשין ולאוין והם הם סור מרע ועשה טוב:

עיקר העבודה בכלל:

**ד.** ואמנם עיקר כל הענינים האלה בדרך כלל נתבאר בחלק א' פרק ד' שהוא הפניה אליו ית' ובקשת קרבתו כפי הדרכים אשר חקק לנו להיות מתקרבים לו ומתדבקים בו. והנה צריך שנשתדל להסיר כל מניעות הרע הדבק בחשך החומריות והעולם הזה ולהתאמץ בהתקרבות לו עד שנדבק בו ונשתלם בשלימותו שזה כל חפצו ית' וכל תכלית ברואו את הבריאה וכמ"ש:

**ה.** אך פרטי הענינים הם כפי מה שהוחקו חוקות האנושיות והעולם בכל בחינותיהם והדרכים שניתנו לאדם להשתלם בשלמות ולהשלים עמו את הבריאה כלה כפי סדריה בכל מחליקותיה בשרשיה ובענפיה. ונבאר עתה קצת מהם היותר שייכים ונוהגים בכל מקום ובכל זמן:

## פרק ב - בתלמוד תורה

**א.** הנה תלמוד התורה הוא ענין מוכרח לפי שזולתו אי אפשר להגיע אל המעשה כי אם לא ידע מה הוא מצווה שיעשה איך יעשהו. אמנם זולת כל זה יש בתלמוד תכלית גדול לשלימותו של האדם וכבר הזכרנו הענין בקצרה בחלק א' פרק ד' אמנם עתה נאריך בו יותר:

<u>ערך התלמוד תורה כפי ענין ההשפעות:</u>

**ב.** בכלל ההשפעות הנשפעות ממנו ית' לצורך בריותיו יש השפעה אחת עליונה מכל ההשפעות שענינה הוא היותר יקר ומעולה שבכל מה שאפשר שימצא בנמצאים והיינו שהוא תכלית מה שאפשר שימצא בנמצאות מעין המציאות האמיתי שלו ית' ויקר ומעלה מעין אמתת מעלתו ית' והוא הוא מה שמחלק האדון ית"ש מכבודו ויקרו אל ברואיו. ואמנם קשר הבורא ית' את השפעתו זאת בענין נברא ממנו ית' לתכלית זה והוא התורה. וענין זה משתלם בשתי בחינות בהגיון ובהשכלה וזה מה שביארנו שם כי הנה חיבר האדון ב"ה כלל מלות ומאמרים שהם כלל ה' חומשי תורה ואחריהם במדריגה נביאים וכתובים וקשר בהם ההשפעה הזאת באופן שכשיודברו הדיבורים ההם תמשך ההשפעה הזאת למדבר אותם. ובתנאי שיהיה ההגיון הזה בגבולים שהוגבלו לו וכמ"ש לפנים בס"ד. וכן בהשכלת מה שנכלל בדיבורים ההם לפי דרכיהם האמיתים תמשך ההשפעה הזאת למשכיל אותם. ואמנם מדריגות מדריגות יש בהשפעה הזאת ככל שאר ההשפעות והענינים שבמציאות ונתחלקו המדריגות האלה בחלקי ההגיון וההשכלה כפי מה שראתה החכמה העליונה היותו נאות שבחלק אחד מההגיון תמשך מדריגה אחת מן ההשפעה ובחלק אחר מדריגה אחרת וכן בהשכלה. אך אין לך חלק מתלמוד התורה שלא תמשך בו מדריגה אחת ממדריגות ההשפעה הרמה הזאת אם ישמרו בו התנאים המצטרכים:

**ג.** והנה זה פשוט שכל מה שתתעלה ההשכלה תגדל יותר מדריגת ההשפעה שתמשך על ידה. ולא ישוה מי שישכיל לשון המקראות לבד עם מי שישכיל כונתם ולא מי שישכיל הכונה השטחיית שבהם עם מי שיעמיק בה יותר ולא מי שהעמיק בה קצת עם מי שיעמיק בה הרבה. אמנם היה מחסדו ית' שבכל חלק מן ההשכלה תמשך מדריגה מן ההשפעה עד שכל מי שהשכיל בה ירויח מן ההשפעה הגדולה הזאת מה שנקשר בהשכלה ההיא. ומי שלא הגיע לשום השכלה אלא להגיון לבד כבר יהיה אמצעי לו לשיחולק גם לו קצת מן ההשפעה הזאת ונמצא

רובן של ישראל זוכים לה מי מעט ומי יותר:

ענין חלקי התורה:

**ד.** ואמנם זולת זאת ההדרגה הנמצאת לגמול השתדלות בני האדם בה כשיעורו האמיתי עוד נמצא בה הדרגה וחילוק לפי מה שצריך לתקן בה כלל הבריאה עד שאין חלק ממנה שלא יתוקן על ידו ויושלם חלק מחלקי כלל הבריאה. ונמצא שהרוצה לעבוד לפני בוראו עבודה שלימה צריך שיעסוק בכל חלקיה כפי יכלתו כדי שיגיע ממנו התיקון אל חלקי הבריאה כלה. ועל הדרך הזה אמרו ז"ל לעולם ישלש אדם ימיו שליש במקרא שליש במשנה שליש בגמרא. ובכלל זה כל חלקי התורה שיחלק בהם זמנו עד שיאחוז בכלם ולא יניח ידו מאחד מהם. אך שיעור העסק שיעסוק בכל אחד מהם ראוי שיסדר לפי מה שהוא האדם ולפי כל המקרים הקורים אותו. וכבר דברנו מזה במאמר בפני עצמו ע"ש:

תנאי התלמוד:

**ה.** אך התנאים הצריכים להתלוות לתלמוד הנה הם היראה בתלמוד עצמו ותיקון המעשה בכל עת. וזה כי הנה כל כחה של התורה אינו אלא במה שקשר ותלה ית"ש את השפעתו היקרה בה עד שעל ידי הדיבור בה וההשכלה תמשך ההשפעה הגדולה ההיא. אך זולת זה לא היה הדיבור בה אלא כדיבור בשאר העסקים או ספרי החכמות וההשכלה ככל שאר מושכלות המציאות הטבעי למיניהם שאין בם אלא ידיעת הענין ההוא ואין מגיע ממנו התעצמות יקר ומעלה כלל בנפש הקורא המדבר והמשכיל ולא תיקון לכלל הבריאה. ואמנם ההשפעה הזאת הנה ענינה אלקי כמ"ש ולא עוד אלא שהוא היותר עליון ונשגב שבענינים הנמשכים ומגיעים ממנו ית' אל הברואים וכיון שכן ודאי שיש לו לאדם לירוא ולרעוד בעסקו בענין כזה שנמצא הוא נגש לפני אלקיו ומתעסק בהמשכת האור הגדול ממנו אליו. והנה צריך שיבוש משפלותו האנושי וירעש מרוממותו ית'. והנה יגל מאד מחלקו הטוב שזכה לזה אך ברעדה כמ"ש. ונכלל בזה שלא ישב בקלות ראש ולא ינהג שום מנהג בזיון לא בדבריה ולא בספריה וידע לפני מי עומד ומתעסק. ואם הוא עושה כן אז יהיה תלמודו מה שראוי לו להיות באמת ותמשך על ידו ההשפעה שזכרנו ויתעצם בו היקר האלקי וימשך תיקון והארה לכל הבריאה. אבל אם תנאי זה יחסר ממנו לא תמשך ההארה על ידו ולא יהיו דבריו אלא כשאר כל הדיבורים האנושיים הגיונו כקורא איגרת ומחשבותיו כחושב בדברי העולם. ואדרבא לאשמה תחשב לו שקרב אל הקדש בלי מורא ומקל ראשו לפני בוראו עודו מדבר לפניו ומתעסק בקדושתו ית'. ואולם כפי מדריגת המורא ושיעור הכבוד והזהירות בו כן יהיה שיעור יקר

הלימוד ומדריגת ההשפעה הנמשכת על ידו וכמש"ל:

**ו.** והתנאי השני הוא תיקון המעשה. כי הנה מי שירצה להמשיך השפעה ראוי שיהיה הוא הגון ומוכן להמשיכה. אכן אם הוא מטמא את עצמו באשמות ופשעים ומרחיק עצמו מבוראו וזונה מאחריו אחרי כחות הטומאה והרע ודאי שיאמר בו ולרשע אמר אלקים מה לך לספר חוקי וכו' וכן אמרו ז"ל כל המלמד לתלמיד שאינו הגון כאלו זורק אבן למרקולים. והנה איש כזה ודאי שתורתו לא תמשיך מן ההשפעה שזכרנו שום מדריגה כלל. ואעפ"כ רז גדול גלו לנו החכמים ז"ל שאלו לא היו הרשעים עוזבים את תלמוד התורה סוף שהיו חוזרים למוטב כי אע"פ שאין בכחם להמשיך שום המשך מלפניו ית' כמ"ש כבר דברי התורה בעצמם מקודשים ועומדים מצד עצמם עד שבהתמיד העסק בהם יגיע מהם פעם אחר פעם קצת התעוררות וכמו דמות הארה קטנה שבקטנות אל העוסק בם שסוף סוף תגבר עליו ותחזירהו למוטב. והוא מה שכתבו ז"ל הלואי אותי עזבו ותורתי שמרו שהמאור שבה מחזירן למוטב. ואמנם פשוט הוא שאין הדברים אמורים במי שיתעסק בה דרך שחוק והיתול או לגלות בה פנים שלא כהלכה אלא שיתעסק בה לפחות כמי שמתעסק בשאר החכמות:

<u>הבדל בלומדים כפי הכנתם:</u>

**ז.** ואולם מי שמטהר ומקדש עצמו במעשיו הוא ימשיך בתלמודו השפעה כשיעור ההכנה שהכין את עצמו וכשיעור שירבה בהכנה כן ירבה יקר התלמוד וכחו. והוא מה שמצינו בחכמים הקדמונים שתורתם היתה מעטירתם כח גדול ונותנת להם מעלה ויקר מה שלא נמצא בדורות האחרונים מפני יתרון הכנתם על הכנת האחרונים. וכבר אמרו על יונתן בן עוזיאל שבשעה שהיה עוסק בתורה כל עוף שהיה פורח עליו היה נשרף מפני עוצם השראת השכינה שהיתה שורה עליו על ידי לימודו:

## פרק ג - באהבה ויראה

<u>ביראה:</u>

**א.** הנה כבר ביארנו בחלק א' פרק ד' ענין האהבה והיראה שהם המקרבים ומדביקים האדם בבוראו. וזה נאמר באהבה ויראה האמיתית שהם אהבת שמו ית' ולא אהבת השכר ויראת רוממותו לא יראת העונש. והנה היראה הזאת היא ממהרת את האדם מחשך חומריותו וגופניותו ומשרה עליו השראת השכינה. וכפי שיעור היראה כן יהיה שיעור הטהרה וההשראה. ומי שמגיע להיות ירא ביראה זאת תמיד תהיה השכינה שורה עליו תמיד. ודבר זה נמצא בשלימות במשה רבינו ע"ה שאמרו עליו יראה לגבי משה מלתא זוטרתי היא וכן זכה להשראת שכינה תמידית. והנה הדבר קשה לשאר בני האדם שישיגוהו כראוי אמנם כפי מה שישיג ממנה כן יהיה כח טהרתו וקדושתו כמ"ש. ובפרט בעת התעסקו במצות או בתלמוד שהנה היא לו תנאי הכרחי לשלימות התלמוד ההוא או המצוה ההיא וכמ"ש:

<u>באהבה:</u>

**ב.** והאהבה היא המדבקת ומקשרת את האדם בבוראו ומיפה כחו ומעטירתו עטרות גדולות. והעיקר בשמחת הלב והתלהטות הנשמה לפני בוראה והמסר האדם עם כל מאודו לקידוש שמו ית' ולעשות נחת רוח לפניו. וכבר נתבארו ענינים אלה במקומם ואין צורך להאריך בם. והנה לחלק הזה מתחבר האמונה בו וביחודו הבטחון וכיוצא כלם ענינים מדביקים האדם בבורא ית' ומחזיקים בו הקדושה וההארה:

## פרק ד – בקריאת שמע וברכותיה

א. שתי עבודות הוטלו עלינו לעבוד לפניו ית' יום ביומו והם הקריאת שמע והתפלה ובזמן בית המקדש התמידים והמוספין. ועתה נבאר ענינם. ענין יחוד מציאותו ית' ויחוד שליטתו הא' הנה הוא קריאת השמע וענינו יחודו ית' וקבלת עול מלכותו. והענין כי הבורא ית"ש המציא ברצונו נמצאים שונים עליונים ותחתונים רוחנים וגשמיים וסדרם בסדרים שונים ונתן בחק כל אחד מהם לפעול פעולות ולעשות מעשים להתגלגל בגלגולים ובסיבובים רבים ובדרכים שונים כפי מה שפילגה חכמתו ית' לכל אחד ואחד. ואמנם הנה הוא ית"ש השרש והסבה היחידית לכלם. וענין זה מובן בשתי בחינות בבחינת המציאות ובבחינת הפעולה. בבחינת המציאות מה שכבר ביארנו בחלק א' איך כל המציאיות כלם תלוים בו ית' ונמשכים ברצונו מה שאין כן מציאותו שהוא מציאות מוכרח מצד עצמו ובלתי נתלה בזולתו אך כל שאר המציאיות אין להם מציאות אלא מצד מה שהוא ית"ש רצה בהם ומקיימם ברצונו. בבחינת הפעולה הוא שאע"פ שניתן בחוקם של הנבראים לשלוט בענינים מה שיכלתם מקפת ופועלים פעולות גדולות כל אחד כפי מה שבחק פעולתו הנה באמת אין בהם כח ולא שליטה אלא מה שמסר להם הבורא ית' שהוא האדון האמיתי השליט וכל יכול וכל מה שהם פועלים אינו אלא מה שהוא ית"ש נתן ונותן להם כח שיפעלו והוא אדון עליהם להוסיף ולגרוע כרצונו בכל עת ובכל שעה. ומעומק הענין הוא כי הרי כפי הסדרים שסידרה חכמתו ית' לתיקונן של הנבראים כמ"ש בחלק א' הנה יש ענינים רבים של דע שמתגלגלים וסובבים בעולם אם מצד בחירתן של בני האדם החוטאים ואם מצד מה שנגזר עליהם לענשן ונראה הדבר לכאורה שזה הפך רצונו ית' כי הנה הוא ית"ש אינו רוצה אלא בטוב וכל חפצו להיטיב והנה שמו ית' מתחלל בשליטת הרשעים ובתגבורת הרעות והקלקולים. אמנם היודע בדרכיו ית' ומעמיק בענינים ידע כי על כל פנים אין כל זה אלא סיבוב מסיבות בדרך עמוק כלם מתכונים לנקודת השלמת הבריאה ובה מסתיימים וכמ"ש בחלק א'. ונמצא שהקב"ה הוא המנהג את הכל באמת ועצתו לבדה היא תקום שהיא הגיע טובו ושלימותו אל ברואיו וכמ"ש שם. אלא שלפי אמתת הענין צריכים הדברים להתגלגל בגלגולים אלה על פי יסודות החכמה הנפלאה והטוב האמיתי ויודע בסוף כל הגלגולים כי הוא ית"ש אחד יחיד ומיוחד והוא סיבב כל המסיבות האלה בדרכיהם לבא אל התכלית האמיתי שהוא הטוב האמיתי שזכרנו. וממה שנכלל עוד בעומק

זה הענין הוא בגילוי אמתת יחודו
ית'. וזה כי הנה כבר ביארנו שכלל
כל המסיבות הסובבות בעולם
הוא שהנה ברא הבורא ית' את
הרע לשיעבירוהו בני האדם
ויקבעו בעצמם ובבריאה את
הטוב. והנה חוקים רבים ושרשים
גדולים הושרשו בענין הזה
לשישתלם בכל חלקיו ובחינותיו כי
אולם פרטים רבים ימצאו בענין
מציאותו של הרע בבריאה
פעולותיו ושליטתו ופרטים רבים
כמו כן בענין יחסו של האדם עמו
במה שהוא נתון תחתיו ומושם
בתוכו ובענין התגברו עליו
והתפתחו ממאסריו וכבוש אותו
וענין מציאות הטוב התפשטו
והתחזקו כפי הכנע הרע והכבשו.
ואמנם שרש כל מציאות הרע
פעולותיו ושליטתו הוא העלים
הבורא ית' את יחודו שאינו
מתגלה בעוצם אמתתו לכל וכפי
שיעור ההעלם כך הוא שיעור כח
מציאותו של הרע וכמ"ש בחלק
א'. ושרש כל ביטול הרע והעברתו
והקבע כל הבריאה בטוב הוא
גילוי אמתת יחודו ית'. והוא מה
שאמר הכתוב ראו עתה כי אני אני
הוא וכו' וכתוב למען תדעו
ותאמינו וכו' לפני לא נוצר אל
ואחרי לא יהיה. ונמצא שסוף
תיקון כל הבריאה תלוי בגילוי
יחודו ית'. והנה הוא היה הוה
ויהיה תמיד אחד יחיד ומיוחד אלא
שעכשיו אינו מגולה לכל כראוי
ולעתיד לבא יתגלה לגמרי לכל
הברואים כמ"ש ביום ההוא יהיה
ה' אחד ושמו אחד. אמנם ישראל

שזכו לתורתו האמיתית יודעים
האמת הזה ומעידים עליו גם עתה
והוא מ"ש ואתם עדי נאם ה' וזה
זכות גדול לנו. והנה כלל ההנהגה
של העוה"ז מתחלקת להנהגת
היום והנהגת הלילה וכמ"ש בחלק
ג' פרק א' ובכל בוקר ובכל ערב
מתחדשים הסדרים ומשמרות
המלאכים לתפקידתם כפי סדר
ההנהגה. ואולם נתחייבנו אנחנו
בני ישראל להעיד על אמתת יחודו
ית' בכל הבחינות פירוש בין
בבחינת המציאות שהוא לבדו
המצוי המוכרח וכל הנמצאים
ממנו הם נמצאים ובו תלוים. בין
בבחינת השליטה שהוא לבדו
ית"ש השליט המיוחד ואין פועל
שיפעל אלא מכח ורשות שניתן לו
ממנו. בין בבחינת ההנהגה דהיינו
שאע"פ שהסיבות רבות גדולות
ועמוקות אין המסבב אלא אחד
ואין התכלית אלא אחת דהיינו
הוא ית"ש המסבב את הכל אל
תכלית השלימות האמיתי ואע"פ
שאין דבר זה גלוי עתה באמת
הנה אמתת הדבר כך היא וכן
יגלה ויודע בסוף הכל:

### ענין מלכותו:

**ב.** והנה ממה שיש עוד להבחין
הוא כי הבורא ית"ש הנה הוא מלך
על כל בריותיו. ופירוש ענין זה
הוא כי אמנם אמתת מציאותו ית'
הוא דבר בלתי נתלה בזולתו כלל
ובלתי מתיחם לזולתו כי הנה הוא
מצוי מוכרח ושלם מצד עצמו ואין
לו שום יחם עם אחר כלל לא
למעלה ממנו ולא למטה ממנו

פירוש שאין לו סבה שיתלה בה כלל לא כמסובב עם סבתו ולא כמצטרף עם מצטרפו. והנה בבחינה זאת נקראהו בשם אלוק ב"ה דהיינו המצוי המוכרח מצד עצמו וכמ"ש. ואמנם בהיות שרצה וברא נבראים וכלם תלוים בו במציאותם ובכל בחינותם וכמ"ש נקראהו בבחינה זו אדון כל כי הכל ממנו והכל שלו והוא שליט בכל כרצונו. ואולם עוד רצה בטובו וחמדו להשפיל כביכול בענותו את רום כבודו ולהיות מתיחם אל נבראיו אע"פ שבאמת אין להם יחם עמו כלל ורצה להיות להם במדריגת מלך אל עם שיחשב להם לראש ולמנהיג ולהתכבד כביכול בם כמלך שמתכבד בעמו וכענין שנאמר ברוב עם הדרת מלך. ובבחינה זו נקראהו מלכו של עולם. והנה בבחינה זו הוא נחשב לנו לראש ומתכבד בנו וגם אנחנו חייבים לעבוד עבודתו ולישמע אליו לכל אשר יצוה כמלך בעמו. ואולם בבחינה זו גם כן חייבים אנו להכירו בכל יום ולקיים מלכותו עלינו ולהשתעבד אליו ולגזירותיו כעבדים אל מלכם וזה נקרא קבלת עול מלכות שמים. ונכלל ענינה בפסוק זה של שמע ישראל דהיינו ההודאה בדבר זה שהוא מלך מלכי המלכים מולך בכל בריותיו העליונים והתחתונים ולקבל עול מלכותו והשתעבד אליו וכמ"ש:

<u>תולדת העדות על יחודו וקבלת עול מלכותו:</u>

**ג.** ואמנם מכל הענינים האלו יוצאות תולדות גדולות לתיקון כלל כל הבריאה. וזה כי אולם סדרי הבריאה וכונניותיה מסודרים בדרך שכאשר מלכותו ית"ש נודע ומודים בו כל ברואיו נמצא בברואים כל טוב וכל שלוה והברכה מתרבית בהם ושלומם מתגדל. ובהתפרץ העבדים ואינם משתעבדים ומודים במלכותו ית' כל טוב חסר והחשך מתגבר והרעה שולטת. והנה נמשכים ענינים אלה בדרכיהם בכל חלקי הבריאה העליונים והתחתונים הפועלים והנפעלים וכמ"ש בחלק א'. ואולם היות מלכותו ית' נודע או לא נודע נמשך ודאי ממעשי התחתונים וכבר נתבארו אלה היסודות במקומם. אך מה שצריך עתה לענינינו שאם יהיה טעם לשיופיע הבורא ית' במלכותו וימלוך על עולמו ימשך מזה הטוב הרב והשלוה הגדולה לנבראים ותרבה ההארה הקדושה והטהרה וכל דבר טוב וכחות הרע יהיו נכפים ומשועבדים ולא יקלקלו טובת העולם. ואם לא הנה הקב"ה מסתיר פניו ואינו מגלה כח ממשלתו וכחות הרע מתפרצים ושולטים. וכל תולדות הענין הזה הוות בכל מקום שהן שייכות שם והוא כלל כל הרעות הנמצאות בעולם. והנה בהיות ישראל מתחזקים בכל יום על דבר זה ומקבלים מלכותו ית' ומודים בו בלבם ובפיהם מופיע הקב"ה בעולמו וכחות הרע נכפים תחת הטוב ונמשכת הברכה לעולם.

ובהעיד על יחודו ית' כמש"ל הנה כנגד זה נענה לנו ומתנשא ביחודו ומחזיק ומוסיף לעולם תיקון על תיקון בבחינת התיקון האמיתי שזכרנו שאליו מתגלגלים כל מסיבות ההנהגה ומקיים עצתו שהיא העמיד הבריאה על הטוב השלם וכמ"ש. וממה שצריך שתבין בזה הוא שאין כל הדברים האלה אמורים אלא לשיהיה תיקון הבריאה מצד בני האדם ולא מאליו. כי אולם ההנהגה כבר מסודרת היא ועומדת על הדרך הזה שכל גלגוליה הולכים אל ההשלמה וזה מה שהאדון ב"ה מסבב בטובו וכחו.

אלא שהיתה גזירת חכמתו שיהיה זה נעשה על ידי בני האדם שאז ישתלמו בני האדם שעשו הדבר הזה ותהיה ההשלמה עצמה בתכלית בהיות הברואים עצמם בעלי שלימותם כמ"ש. ונמצא שזה כל עיקרם של דברים אלה שמה שסידר האדון ב"ה והכין להיות משלים את בריאתו יושלם ויצא לפועל על ידי בני האדם לשישתלמו הם בשלימות הראוי להם:

**ד.** והנה כבר ביארנו בחלק א' שהשלימות האמיתי של הבריאה הוא המשך לה משלימותו ית' כי הוא לבדו השלימות. ואולם גם זה מתולדות המצוה הזאת שבהעידנו על יחודו ובהיותנו תולים את הכל בו גם הוא ית"ש נדרש לנו ונמצא לכל הבריאה שתשתלם בשלימותו ונתקנים כל המציאיות במציאות האמיתי השרשי שהוא מציאותו ית' וכמ"ש שם:

<u>ענין המסר על קידוש השם:</u>

**ה.** והנה מתנאי המצוה הזאת להיות האדם גומר בדעתו למסור נפשו על יחודו ית' ולקבל עליו כל יסורין ומיני מיתה על קידוש שמו ית' ונחשב לו כאלו עשה הדבר בפועל ונהרג על קידוש השם. וגם מענין זה יוצאות תולדות גדולות לתועלת הבריאה ולתיקון הכללי. וזה שמסדרי החכמה העליונה בנבראים ומציאיותיהם הוא שימצאו הנמצאים כלם במדריגה ידועה מה ששיערה החכמה העליונה היות נאות לפי הנרצה בעולם ומצבו. וכלל המדריגה הזאת היא מדריגה נותנת מקום לחשך לימצא ולטומאה להתפשט ולפעול. אמנם כל זה בשיעור נודע דהיינו שלא ימצא החשך ולא תשלוט הטומאה כל כך שיטמא לעולם לגמרי ויתקלקלו הבריות. שאם היה הדבר מגיע לזה היו צריכים כלם ליפסד ולימחות כמו שקרה בזמן המבול. אך בשיעור מה שלא יקלקל העולם אבל ישארו בו הענינים חול ולא קדש חשוכים ולא בהירים. והנה סדרה שזאת תהיה מדריגתם הראשונית ועיקרית אמנם שבדרך תוספת תמצא בם הארה מעולה והשפעת יקר יתעלו בה מן המדריגה השפלה הזאת ויגיע לברואים ענין קדש ובהירות מה שראוי שיגיע להם לפי העוה"ז. והנה הדברים משוערים בחכמה

נפלאה כל דבר בגבולו כראוי לא פחות ולא יותר. והיינו כי שוער מה ראוי שיהיה להם בדרך עיקר וגם זה נתחלק לחלקים ומדריגות פרטיות שונות. ומה ראוי שיהיה להם בדרך תוספת וגם הוא נתחלק לחלקים ומדריגות פרטיות שונות. וכן שוערו הזמנים שראוי שיהיה להם התוספת הזה במדריגותיו וכמ"ש עוד לפנים בעז"ה. והנה בכל יום ויום צריך שיתחדש השפעה והארה בנבראים שיעלה אותם מן המדריגה השפלה השרשית בהם ויתן בהם קידוש ובהירות כמ"ש. ואולם סידר החכמה העליונה מציאות ההארה הזאת המתחזקת ומעברת החשך של העולם ומגברת בו ובברואיו היקר והמעלה והקדושה שזכרנו ותלה המשכה במעשה התחתונים כשאר כל ההשפעות והתיקונים. ואמנם המעשה אשר תלאה בו הוא מסור אדם את נפשו על קידוש שמו ית'. וגם בזה יש מדריגות כי המסירה שימסור אדם עצמו על קידוש השם בפועל ימשיך הארה גדולה וחזקה מאד ויתקן בבריאה תיקון עצום וירבה בה הקידוש והבהירות ריבוי גדול. והמסירה במחשבה דהיינו בגמור בלבו להמסר וכמ"ש ימשיך גם כן השפעה ממין השפעה זאת אלא שלא תהיה כל כך עצומה. ואמנם למה שצריך להתחדש ולהמשך בכל יום לפי סדרי ההנהגה די המסירה במחשבה והוא הנעשה בפסוק זה. והתולדה היוצאת היא המשכת השפעת הקידוש והבהירות בבריאה כלה לתת לה קצת עילוי מן החול והחשך שהיא בם כפי מדריגתה השרשית:

**ו.** נמצא כלל ענין פסוק ראשון של שמע הוא העדות וההודאה ביחודו ית' בכל הבחנותיו קבלת עול מלכותו והמליכו על כל הברואים כלם וגמור בדעתנו להמסר על קידוש שמו. ותולדת כל זה היות האדון ב"ה מחזיק ממשלת יחודו על כל הבריאה והכנע והשתעבד כחות הרע והתחזק הטוב והתגבר והמצאו ית' לבריאה שתתלה בו ותשתלם בשלימותו ותמשך ההשפעה הנותנת עילוי לברואים בשיעור המצטרך וינתן בם בהירות וקידוש כפי הנאות:

<u>ענין ברוך שם כבוד מלכותו לעולם ועד:</u>

**ז.** ואמנם לתיקון הגדול הזה יתחבר תיקון אחר והוא הנכלל בשבח שאומרים אחרי זה דהיינו ברוך שם כבוד מלכותו לעולם ועד. וזה כי הנה כבר ביארנו שכלל כל השפעותיו ית' והארותיו הם ענינים נמשכים במסיבות שונות וכלם נשרשים ונתלים ביחודו ית' ושלימותו האמיתי. והנה הנבראים מתנהגים בגלגולים שונים לפי כלל ההשפעות האלה ומסיבותיהם וסוף הכל הוא שיגיעו להשתלם בשלימות האמיתי. כי אולם גזרה החכמה העליונה שלא ימשך ולא יגיע ההשתלם לברואים אלא על

ידי כל המסיבות האלה ואחר כל גלגוליהם. והנה בהיות הפעולה והשליטה ליחוד נתלה הכל בו ונודעות כל ההשפעות שאינן אלא ענפי היחוד והדרך להגיע הברואים אליו. והנה בהיות הכונה בפסוק ראשון לתלות הכל ביחוד כמ"ש נמצאו כל ההשפעות נתלות בזה והכל שב אל ענין השלימות האמיתי שזכרנו. והנה הנולד מזה בברואים הוא שישרה שמו עליהם ותתדבק בם קדושתו התדבקות גדול וישלוט בם וימשיכם אחריו תמיד וימצאו כלם נתלים בו ומשתלמים בשלימותו. וזהו המצב שיגיעו לו באמת בסוף כל הגלגולים. והנה בהיותם כך נמצא חפצו ית' נעשה וכבודו מתגדל וזה עיקר העטרה שהוא מתעטר בברואיו וכביכול מתגדל בם. ואמנם עתה אין הדבר הזה משתלם אלא ברוחנים כי הנה הם טהורים וקדושים ושמו ית' שורה עליהם ומתקשר בם התקשרות גדול והם נמשכים ממש אחריו בכל עת ובכל שעה וכבודו מתגדל בהם. אך בתחתונים אין הדבר נשלם מפני שאינם עדיין שלמים והרע מתערב בהם לא הטהרו ממנו וכביכול אין כבודו ית' מתגדל בהם כראוי. והנה המלאכים מצד התיקון שהם בו משבחים שבח זה ברוך שם כבוד מלכותו לעולם ועד. אך התחתונים אי אפשר להם לשבח אותו כי אינם ראוים לזה ולא השם שורה עליהם כראוי ולא הכבוד מתגדל בם. אלא יעקב אבינו ע"ה זכה כבר לזה בעת

פטירתו מן העולם בהיותו עם כל בניו הקדושים סביביו שלא היה בהם פיסול ונתעטרו ביחודו ית' שאמרו שמע ישראל וכו' ואז ענה הזקן ברוך שם כבוד מלכותו לעולם ועד. ונמצא שמצדנו אין אנו ראוים לענין הזה אלא קצת ממנו ניתן לנו מצדו של יעקב אבינו ועל כן אנו אומרים אותו אך בחשאי זולתי ביום הכפורים שמתעלים בו ישראל למדריגת המלאכים וכמ"ש במקומו בס"ד:

<u>פרשה ראשונה דקריאת שמע:</u>
ח. ואמנם שאר הפרשיות הנה הם השלמת זה הענין ונכלל הענין בשלשה עיקרים והם קבלת עול מלכותו ואהבתו קבלת עול מצות וזכירת יציאת מצרים. הפרשה ראשונה בה יתכוין האדם להתחזק באהבתו ית' בכל תנאיה דהיינו בכל לבבך ובכל נפשך ובכל מאדך. ולהמשיך הארת קדושתו ית' ועול מלכותו ית' לבניו ולכל צאצאיו והיינו ושננתם לבניך. וליתקן בכל בחינות מצבו של האדם דהיינו בשבתך בביתך ובלכתך וכו'. ולתקן בזה בחינת הבית שלו והיינו וכתבתם וכו':

<u>ענין זכירת יציאת מצרים:</u>
ט. אחר כך מקבל עליו עול מצות בוהיה אם שמוע ואחר כך מזכיר יציאת מצרים בפרשת ציצית. והיינו כי הנה יציאת מצרים היה תיקון גדול שנתקנו בו ישראל ונשאר הדבר לנצח. והיינו כי מאחר חטאו של אדם הראשון

נשאר האנושיות כלו מקולקל כמ"ש בחלק א' והיה הרע מתגבר בכלו עד שלא היה נמצא מקום לטוב שיתחזק כלל. ואע"פ שנברר אברהם אבינו ע"ה להיות הוא וזרעו לה' נבדלים מכל האומות הנה עדיין לא היה להם מקום שיוכלו להתחזק ולהתכונן בבחינת אומה שלימה ולזכות לעטרות הראויות להם מפני הרע שהיה מחשיך עליהם והזוהמא הראשונה שלא יצאה מהם עדיין. ועל כן הוצרך שיגלו למצרים וישתעבדו שם ובאותו השעבוד הגדול יצורפו כזהב בתוך הכור ויטהרו. והנה כשהגיע הזמן הראוי חיזק האדון ב"ה את השפעתו והארתו על ישראל וכפה את הרע לפניהם והבדיל אותם ממנו ורימם אותם מן השפלות שהיו בו והעלם אליו ונמצאו גאולים מן הרע גאולת עולם ומשם והלאה הוקמו לאומה שלמה דבוקה בו ית' ומתעטרת בו. והנה זה תיקון שנתקן לעולמים כמ"ש וכל הטובות שהגיעו ושמגיעים לנו כלם תלוים בו. ועל כן נצטוינו לזכור אותו תמיד ולהזכירו בפינו שעל ידי זה מתחזק התיקון ההוא עלינו ומתאמץ האור בנו ומתמיד בנו התועלת הנמשך מן התיקון ההוא:

<u>רמ"ח תיבות:</u>

**י.** ואולם עוד תיקון אחד נכלל בכלל קריאת הפרשיות האלה והוא לתקן האדם כל פרטי בחינותיו באור יחודו ית' וכן לתקן בו כל פרטי הבריאה. וזה כי הנה כלל בחינותיו של האדם הם רמ"ח והם רמ"ח אברים שלו. ואולם חלקי הבריאה גם כן לפי כונניותיהם הם רמ"ח בהקבלה לרמ"ח איברי האדם ואלו ואלו צריך שיתקנו באור יחודו ית' וזה נתקן על ידי רמ"ח תיבות שבקריאת שמע:

<u>ברכות קריאת שמע דשחרית:</u>

**יא.** והנה חז"ל חיברו לענין הזה הברכות של הקריאת שמע. וזה כי הנה בכל יום מתחדש כל המציאות כלו מלפניו ית' וזה בשתי בחינות: אחת בבחינת הקיום וההתמדה שהנה מתחדש השפע בכל להתקיים ולהתמיד על מציאותו. והשנית כי הנה כל הימים מימי הששת אלפי שנה הנה כלם גזורים ועומדים מלפניו ית' בבחינת הארות והשפעות מציאיות ומצבים המצטרכים לעולם לשישלים המיבוב הנרצה ויגיע אל השלימות. ונמצא כל יום בחינה חדשה ממש ובבחינה ההיא מתחדש כל המציאות כלו ועל זה נאמר מחדש בטובו בכל יום מעשה בראשית. והנה על השרש הזה תיקנו הברכות האלה והשבחים על כלל הבריות כלם שהם המתחדשים יום ביומו. והנה כלל הבריות האלה מתחלק לשנים: האחד כל בריות העולם התחתונים והעליונים. והשני כלל מין האנושי והיינו ישראל שהם מין האדם באמת. והנה על סדר זה סידרו ברכה ראשונה בשבח כלל

הבריות ופקידיהם והם הבריות
למטה והמלאכים למעלה כל אחד
בסדריו וכללו בזה ענין היום
והלילה והמאורות המושלים
בהם. והשנית בשבח על ענינם
של ישראל והאהבה שאהבם
והקירוב שקירבם לעבודתו.
ונכללו בברכות האלה כל אלה
הענינים בדרכיהם האמיתים.
אחר כך קריאת שמע ואחר כך
סידרו ברכה אחרת על כלל הנסים
הגדולים שעשה לנו האדון ב"ה
והעיקר הוא יציאת מצרים בפרטיו
מסודר על פי סודותיו האמיתים
וכל הבחנותיו:

ברכות קריאת שמע דערבית:
**יב.** והנה עיקר ענין זה בבקר שאז
הוא התחדשות המציאות כמ"ש
ואולם בלילה הנה נוסף ענין
בבריות כלם לפי ענין הלילה ואין
זה אלא כמו גמר ענינו של היום
והשלמתו. ובבחינה זו גם כן
סידרו ברכות קריאת שמע של
הערב כפי ברכות קריאת שמע
של שחרית אך יותר בקצרה כי
אינו אלא חזרת הדברים בקיצור
כפי מה שמתחדש בסדרי
ההנהגה נמשך אחר מה
שנתחדש ביום. ועוד הוסיפו
ברכה על ענין מנוחת הלילה
והשינה בכל בחינותיה והיינו
ברכת השכיבנו:

## פרק ה - בתפלה

<u>ענין התפלה:</u>

**א.** ענין התפילה הוא כי הנה מן הסדרים שסידרה החכמה העליונה הוא שלהיות הנבראים מקבלים שפע ממנו ית' צריך שיתעוררו הם אליו ויתקרבו לו ויבקשו פניו וכפי התעוררותם לו כן ימשך אליהם שפע ואם לא יתעוררו לא ימשך להם. והנה האדון ב"ה חפץ ורוצה שתרבה טובת ברואיו בכל זמניהם והכין להם עבודה זו דבר יום ביומו שעל ידה ימשך להם שפע ההצלחה והברכה כפי מה שהם צריכים לפי מצבם זה בזה העולם:

**ב.** ואמנם עומק יותר יש בענין והוא כי הנה האדון ב"ה נתן לאדם דעה להיות מנהג עצמו בעולמו בשכל ובתבונה והעמים המשא עליו להיות מפקח על צרכיו כלם. והענין הזה מיוסד על שני שרשים האחד ליקרו של האדם וחשיבותו שניתן לו השכל והדעה הזאת להיות מנהל את עצמו כראוי. והשני להיות לו עסק בעולם וליקשר בעניניו וזה ממה שמקיימו במצבו האנושי שזכרנו למעלה שהוא דרך חול ולא קדש והוא מה שמצטרך לו בזמנו זה כפי סדרי ההנהגה. והנה זה באמת מצד אחד ירידה לו ולענינו אבל היא ירידה מצטרכת לו וגורמת לו עילוי אחרי כן כמבואר בחלק א'. ואולם כמו שירידה זו מצטרכת לו לפי ענינו בעולם הזה הנה מצד אחר צריך שלא תרבה יותר ממה שראוי כי הנה כפי מה שירבה להסתבך בעניני העולם כך מתרחק מן האור העליון ומתחשך יותר. והנה הכין הבורא ית' תיקון לזה והוא מה שיקדים האדם ויתקרב ויעמוד לפניו ית' וממנו ישאל כל צרכיו ועליו ישליך יהבו ויהיה זה ראשית כללי ועיקרי לכל השתדלותו עד שכאשר ימשך אחר כך בשאר דרכי ההשתדלות שהם דרכי ההשתדלות האנושי לא יקרא שיסתבך וישתקע בגופניות וחומריות כיון שכבר הקדים ותלה הכל בו ית' ולא תהיה ירידתו ירידה רבה אלא תסמך על ידי התיקון הזה שקדם לה:

<u>ענין הקריבה לתפלה וג' פסיעות בסופה:</u>

**ג.** והנה היה מחסדו ית' לתת לאדם מקום שיתקרב לו ית' אע"פ שכפי מצבו הטבעי נמצא רחוק מן האור ומשוקע בחשך. והיינו שנתן לו רשות שיעמוד לפניו ויקרא בשמו ואז יתעלה מן השפלות אשר לו בחוקו לפי שעה וימצא מקורב לפניו ומשליך עליו יהבו כמ"ש. והנה זה חומר התפלה שאסור להפסיק בה כלל מפני היות בה האדם בקורבה גדולה אליו ית'. וכן סודר בה ההפטר בסופה והלך לאחוריו ג' פסיעות והוא שוב האדם אל מצבו התמידי כמו שמצטרך לו בשאר כל זמנו:

**ד.** ואמנם הודיעונו ז"ל התנאים הפרטים הצריכים להתלוות אל

התפלה להשלים ענינה בין במה
שנוגע אל הקריבה הזאת שזכרנו
בין מה שנוגע אל המשכת
ההשפעות וכפי כל זה סידרו לנו
התפלה בברכותיה וחקקו לנו כל
דיניה והלכותיה:

**ה.** והנה כל זה שביארנו עד הנה
בקריאת שמע ובתפלה הוא לפי
ענין המצות האלה כפי מה שהם.
אמנם עוד סידרו לנו מסדרי
התפלה הסדר הראוי להשלים גם
בעד עבודת הקרבנות החסרה
ממנו עתה והוא מה שמצטרך לפי
חידוש כל יום מהימים כפי חוקות
הזמן בכל חלקיו ויבואר בפרק
הבא לפנינו בס"ד:

## פרק ו - בסדרי התפלות

<u>ענין שליטת כחות הטומאה בלילה:</u>

**א.** סידרה החכמה העליונה שתהיה הלילה שליטה לכחות הטומאה להתפשט בכל מרכבותיהם וישוטטו ענפיהם בעולם. וכיונה שבאותו הזמן יאספו בני האדם אל בתיהם וישכבו במטותיהם ישנים ונחים עד הבקר שאז ניטל ההתפשטות והשליטה מן הכחות ההם ומכל ענפיהם ויחזרו בני האדם ויצאו לעבודתם עדי ערב. והוא מה שביאר דוד המלך ע"ה תשת חשך ויהי לילה וכן תזרח השמש וכו' יצא אדם לפעלו וכו'. ואולם כל הענינים האלה בכל גבוליהם ושיעוריהם משתרשים בשרשי יסודות ההנהגה כפי הבחנות ההשפעות הנשפעות לברואים בכל מדריגותיהם וכמ"ש בחלק א' ע"ש. וצריך שתדע שאע"פ שעל דרך כלל נאמר שהלילה היא זמן שליטת הכחות האלה הנה באמת אין זה אלא בחצי הלילה הראשונה אך בחצות הלילה נשפעת השפעת הארה ורצון מלפניו יתי' בכל העולמות וניטלת השליטה מכחות הרע וענפיהם נגרשים ממקום הישוב ומתחלת ההארה של היום להתעורר עד שמאיר היום ונמשכת ההשפעה הראויה ומתחדש בה כל המציאות. ואמנם ענין השליטה הזאת ששולטות כחות אלה בלילה וגירושם שנגרשים ביום הנה הוא דבר מחוקק בטבע העולם וסדריו זולת השליטה וההכנעה שמגעת להם במעשה האדם. וזה ששיערה החכמה העליונה שלהיות מציאות הטוב והרע האמיתי שהוא הנמשך ממעשי בני הבחירה צריך שיהיה העולם בחקו הטבעי עלול לשליטת הרע בו באופן שכך יהיה אפשרות להתפשטות הרע הזה בחלקים ממנו כמו להעדר התפשטותו בהם. ואולם לשיהיה זה גזרה החכמה העליונה היות ראוי שבזמן עצמו יהיה חלק אחד שיתן לו שליטה והתפשטות מצד עצמו והנה הוא הכנה למה שאפשר שינתן לו מצד מעשי האדם. ויהיה חלק אחר שיטול ממנו השליטה ויהיה הזמנה למה שאפשר שיגרמו לו מעשיו. והנה שם שתי מציאיות חזקים שהם האור והחשך נמשכים מבחינת ההארה וההעלם שביארנו בחלק א' ונתן להם חלק בזמן והיינו היום והלילה ואחריהם נמשכים שליטת כחות הטומאה שזכרנו וגירושם והכל הזמנה לתולדות המעשים וכמ"ש:

<u>ענין טומאת הידים בלילה:</u>

**ב.** ואמנם בהנתן שליטה זאת אל כחות הרע האלה ובהתפשטם בעולם נמצא חשכו של העולם מתרבה ומתחזק. והאדם גם הוא בהיותו שוכב על מטתו גם עליו מתפשט התפשטות מן הטומאה המשוטטת בשיעור שניתן לה כפי

השייכות אשר לה בגופו של האדם מצד חומריותו ויצה"ר שבו. ונוסף על זה שכבר הוכן בסדרי ההנהגה שבהיות האדם ישן חלקי נשמתו העליונים מסתלקים ממנו וכמ"ש בחלק ב' וטועם טעם מיתה במקצת והוא מה שכתבו ז"ל שינה אחד מששים במיתה. ונמצא שאז מתגבר יותר בגופו החשך בהעדר אור הנשמה המזכך אותו על כן נמצא שם בית כניסה יותר אל הטומאה לשרות עליו והוא ענין רוח הרעה שפירשו ז"ל ששורה על הידים. אך שרותה על הידים ולא על מקום אחר הוא כי זה השיעור וזה הגבול שהגבילה לה החכמה העליונה מה שתשרה על האדם שהוא הנאות לפי מצבו בעולם לא פחות ולא יותר:

**ג.** והנה הכינה החכמה העליונה לאדם מה שישתדל בו בבוקר ויתרומם ממה שנשפל במצב הלילה ליטהר ממה שנטמא וכן ישוב וירומם העולם כלו ממה שנשפל ויאיר אותו מן החשך שהוחשך. וענין זה כלו נכלל בתקנות הנתקנות לזמן הקימה מן הפעולות ומן הדיבורים וכמ"ש בס"ד:

<u>נטילת ידים:</u>

**ד.** והנה הפועל הראשון הוא טהרת הידים. כי הנה הם הם שנטמאו ושרה עליהם רוח הרעה וזה צריך לגרשו מהם ולטהרם. והנה חקק הבורא ית' שיגורש מהם על ידי הנטילה הראויה כמו שלימדונו ז"ל ונמצא כל גופו של האדם נטהר בזה כמו שכלו היה נטמא מהשראתו של הרוח רעה עליהם. ויש בענין הזה גם כן תיקון לכל הבריאה כלה ליטהר מטומאת הלילה ולצאת מחשכתה. והנה חיברו לזה גם כן נקות האדם את גופו בהפנותו ונמצא כלו מיטהר ומזדמן להתקרב לפני בוראו:

**ה.** ואולם אחר זה יבואו שני מעשים אשר כבר הם בעצמם מכלל התרי"ג מצות ומתחברים עם תיקוני התפלה להשלמת העבודה היומית והם הציצית והתפילין ונבאר בתחלה ענינם הפרטי ואחר כך נבאר מדריגתם בתיקוני העבודה היומיית שזכרנו:

הציצית:

**ו.** ענין הציצית הוא כי הנה רצה האדון ב"ה שיהיו ישראל מתקנים בכל בחינותיהם בעניני קדושה ועל כן נתן להם מצות לכל זמניהם וכפי כל מקריהם כדי שיתקנו בכלם. והנה מכלל מה שלאדם הוא המלבושים שהוא לובש ולמען גם הם יתקנו בקדושה צוה שיושם בהם הציצית ואז נמצאים נתקנים בקדש. וענין עמוק מזה נכלל עוד במצוה זו והוא היות האדם נסמן לאלקיו כעבד לאדונו והרי זה מכלל קבלת עולו ית' והשתעבד עולו ית'. והנה ניתן לאדם להיות מתקן את כל הבריאה כמבואר בחלק א' ונמצא שהוא עובד עבודתו של הבורא ית' ועוסק במלאכתו שהוא העמיד הבריאה אשר ברא על המצב

הנרצה ממנו ית'. ואולם זה יוצא ממעשה האדם ופעולותיו שיפעול כפי התורה והמצוה שעליו. אמנם כלל כל העבודה הזאת עומד על יסוד אחד שהוא היות האדם עבדו של הבורא ית' שנמסר לו הענין הזה של תיקון הבריאה והופקד בידו שעל כן הדבר הזה מצליח בידו ומעשיו מגיעים להוליד תולדות אלה. ואולם כלל מציאות היות משא זה על האדם נקרא עולו ית' שעליו כעול האדון על עבדו. ודבר זה מתחזק על ידי פרטים ידועים שתלאו בהם האדון ב"ה ומכללם הרשם והציין בציון זה של הציצית. ואמנם מלבד היות הדבר הזה מצוה תמידית עשו ממנו החז"ל תיקון מתיקוני התפלה והוא להיות מתעטף בטלית להתפלל בו. והתיקון הוא קבלת העול שזכרנו להיות בכח זה תופס ואוחז במלאכתו ית' דהיינו תיקון העולם וכמ"ש:

<u>תפילין:</u>

**ז.** אך ענין התפילין הוא יותר גדול מן הציצית הרבה והוא כי נתן הבורא ית' לישראל שיהיו ממשיכים עליהם המשך ממש מקדושתו ית' ויתעטרו בו באופן שכל בחינותיהם הנפשיות והגופיות יחסו תחת האור הגדול הזה ויתקנו בו תיקון גדול והוא מה שאמר הכתוב וראו כל עמי הארץ כי שם ה' נקרא עליך. ותלה ענין זה במצוה זו בכל הלכותיה ופרטותיה. ואמנם שני אברים ראשיים נמצאו באדם ובהם הנשמה מתגברת תגבורת גדול והם המוח והלב. וצוה הבורא ית' שימשך האור הזה על המוח תחלה על ידי תפלה של ראש ויתוקן בו המוח והנשמה שבו ויתפשט אחר כך על הלב על ידי תפלה של יד שכנגדו ויתוקן גם הוא בו. ועל ידי זה נמצא האדם כלו בכל בחינותיו נכלל תחת המשך הקדושה הזאת ומתעטר בה ומתקדש קדושה רבה. ואמנם פרטי ענינים שונים נמצאים בתנאי המצוה בכל חלקיהם כלם ענינים מצטרכים להשלמת התיקון הנרצה בכל חלקיו כפי מחלקות בחינותיו של האדם:

<u>ימים שאין בם תפילין:</u>

**ח.** והנה נצטוינו להתעטר בעיטור זה כל הימים חוץ מימי הקדש שהם עצמם אות לישראל ומצדם מתעטרים ישראל בעיטוריהם בלי השתדלות אחר מה שאין כן שאר הימים שאי אפשר להשיג העיטורים אלא בהשתדלות הזה. וגם אחר ההשתדלות עצמו אין מעלת העיטור המושג בו כמעלת העיטור הנמשך מאליו בימי הקדש אלא פחות ממנו הרבה. אמנם הדברים כלם בכל גבוליהם משוערים מן החכמה העליונה כפי מה שהוא היותר נאות:

**ט.** והנה אחר היות האדם מצוין בציצית ומעוטר בתפילין נתקנו לו סדרי התפלה לתקן כפי המצטרך. והכונה בכלל להעמיד הבריאה כלה כל העולמות במצב הראוי לשיושפע בם השפע העליון

והמשיך השפע מלפניו ית' אליהם כפי המצטרך:

## חלקי התפלה:

י. ואולם כלל התפלה מתחלק לארבעה חלקים: הראשון הקרבנות. השני פסוקי דזמרה. השלישי קריאת שמע וברכותיה. הרביעי התפלה ומה שלאחריה. הקרבנות הכונה בהם בכלל הוא לטהר העולם כלו ולהסיר ממנו כל מה שהוא עיכוב ומניעה אל ביאת השפע העליון בו. פסוקי דזמרה הכונה בהם בכלל לגלות אור פניו ית' על ידי התהלות שאנו מתהללים בו ומספרים בשבחו שזה ענין תלאו הבורא ית' במעשה הזה דהיינו בהילול לפניו והוא ענין הבוחר בשירי זמרה. קריאת שמע וברכותיה כבר ביארנו ענינם בכלל ומלבד מה שביארנו נכלל בהם עוד ענין אחר והוא כי הנה סדרי כונניות הבריאה והשתלשלותה כבר ביארנוהו בחלק א' שאולם הנבראים כלם משתלשלים ובאים מדריגה אחר מדריגה מן הכחות השרשיים עד הגשמים. ואולם גזרה החכמה העליונה שלהיות הנבראים כלם מקבלים השפע מלפניו ית' יהיו תחלה מתקשרים זה בזה מלמטה למעלה התחתונים בעליונים מהם והעליונים בעליונים יותר וכן על דרך זה עד הכחות השרשיים והם יתלו בו ית' ויושפע להם שפעו. ואחר כך יתפשט השפע מלמעלה למטה בכל מדריגות הבריאה

כראוי וישובו ויתיצבו כלם על מדריגותיהם לפעלם כפי מה שסודר להם. ואולם הברכות האלה של קריאת שמע סודרו על פי הרזים האלה ובאותו השבח וההלול מתעלים מדריגות הבריאה מלמטה למעלה עד התקשר הכל במדרגה היותר עליונה. ואז נקשר הכל ונתלה באורו ית' ונמשך השפע לכל הברואים והוא מה שנעשה בתפלת שמונה עשרה:

## ענין י"ח ברכות:

יא. והנה צריך שתדע שסוגי ההשפעה העליונה שתחתיהם נכללים כל מיני ההשפעות ופרטיהם הם שלשה והם הנרמזים בשלש אותיות השם ב"ה וחיבורם ביחד להשלמת הבריאה כלה נרמזת בה' אחרונה. וכנגדם שלשה הכנוים הגדול הגבור והנורא והממשיך אותם כראוי הוא זכותם של אברהם יצחק ויעקב. והממשיך ההשלמה היוצאת מחיבורם הוא זכותו של דוד המלך שמתחבר עם האבות ומשלים תיקונם של ישראל. והנה כנגד שלשה הסוגים האלה נתקנו שלש ברכות ראשונות של התפלה ובהם נמשך השפע העליון בכללו ואחר כך באמצעיות נמשך לפרטים כפי הצורך ובג' אחרונות מתחזק ומתישב במקבלים על ידי ההודאה שנותנים עליו. וזה כלל תיקון התפלה כלה:

ז' ברכות דשבת:

**יב.** ואולם בימות החול נמשך הדבר כפי סדר זה ובימות הקדש לא הטריחו חכמים את האדם ביותר מז' ברכות. כי הנה היום מקודש ומבורך בעצמו ועוזר בהמשכת השפע ודי שישתדל האדם על הכלל והיינו שבע ברכות שלש ראשונות על שלשה הסוגים וכן שלש האחרונות וכמש"ל והאמצעית על כלל קדושת היום שתתחזק ותאיר ותמשול והיא העוזרת ומשלמת לכל הפרטים. ועוד נדבר מזה לפנים בס"ד:

ארבעה עולמות:

**יג.** עוד צריך שתדע שהנה כלל העולמות מתחלק לארבעה והיינו עולם הזה בשני חלקיו עליון ותחתון שהם החלק השמימי ונקרא עולם הגלגלים והיסודיי והוא הנקרא עולם השפל וכלל שניהם נקרא עולם אחד. ועל העולם הזה יש עולם המלאכים ועליו עולם הכחות העליונים שרשי הבריות שזכרנו בחלק א' ונקרא עולם הכסא.

והנה למעלה מזה במדריגה יבחן כלל השפעותיו ית' גילויי אורו שמהם נמשכים כל המציאיות כלם ובהם הם תלוים וכמ"ש בחלק ג' פרק ב'. והנה על דרך השאלה נקרא לכלל כל ההשפעות האלה עולם אחד ונקראהו עולם האלקות. ואמנם הנה תראה שאין שייך בו שם זה אלא על דרך ההשאלה כמ"ש ועל הטעם שנבאר מה שאין כן ג' העולמות הקודמים שבהם יכון השם הזה באמת. וזה כי הנה עולם יקרא קיבוץ עצמים רבים ונמצאים שונים במקום מתחלקים למחלקות רבות ומתיחסים זה לזה ביחסים שונים. והנה בעצמים כלם יהיו מוחשים או רוחנים יתכן ענין זה באמת ונמצא שיקרא עולם הזה עולם בהיותו קיבוץ גופים שפלים או שמימים במקום אחד. ונקרא עולם המלאכים עולם בהיותו גם הוא קיבוץ מלאכים רבים במקום אחד כפי מה ששייך בם. ועולם הכסא עולם בהיותו קיבוץ כחות רבים במקום ששייך בם. אך השפעותיו ית' הנה אינם עצמים מרובים ונמצאים שונים כלל אבל הבחנות הם )הם( ומיני גילוי אור ממנו ית' שאין ענינם אלא מה שהוא ית"ש נמצא לבריותיו ומשפיע להם כפי עניניהם.

אך בהיות שנבחן בהשפעות אלה חילוק סדר והדרגה כפי מה שראוי למקבלים שבם נשרשים חילוקיהם סדריהם והדרגותיהם של הנמצאים כמ"ש בחלק ג' פרק ב' על כן נקרא לכלל כל זה עולם ונחשבהו למעלה מכל השלשה כי לפי ההדרגה כך הוא שהרי ההשתלשלות כלו עולה במדריגה זו המוחשים במלאכים המלאכים במה שעליהם דהיינו הכסא ומדריגותיו והכסא בהשפעותיו ית' ובגילוי אורו שהוא השרש האמיתי לכל:

<u>הקבלת חלקי התפלה לעולמות:</u>

**יד.** והנה על פי סדר זה נתקנו חילוקי התפלה דהיינו שלשה חלקים בתחלה לתיקון שלשה העולמות עולם הזה עולם המלאכים עולם הכסא וזה בקרבנות זמירות וברכות קריאת שמע. אחר כך תפלה מעומד והיא כנגד עולם האלקות להמשיך ההשפעות לפי בחינותיהם. ואחר כך שלשה חלקים אחרים להמשיך משך השפע לעולמות זה אחר זה עד הסוף והיינו קדושה דסדרא שיר הלוים ואין כאלקינו. ואחר כל זה עלינו והוא לחזור ולהמליך מלכותו ית' על כל העולמות אחר שנתברכו ממנו:

<u>ענין נפילת אפים וי"ג מידות:</u>

**טו.** והנה נתחברו לזה עוד קצת ענינים פרטים לעורר הרחמים ולהרבות הברכה ומכלל זה ענין הוידוי הזכרת הי"ג מדות ונפילת אפים. והיינו כי הוידוי הוא לסתום פי המקטרגים ולא יגרמו לו שתדחה תפלתו ח"ו. הזכרת הי"ג מדות זה כחם שיתפום האדון ב"ה במדת רחמנותו ובשליטת רוממותו יעבור על פשע ויחון אף בהעדר הזכות. ונפילת אפים אף היא כניעה גדולה לפניו ית' אשר כחה גדול לשתתפיים מדת הדין ויכמרו הרחמים הגדולים ויהיה השפע נמשך בריבוי וברוחה. ואולם זה הוא הסדר הכולל שעליו נוסדה התפלה ויש פרטים רבים לכלל זה שבהם תלוים פרטי הסדר במזמורים ובשאר הפסוקים שנתקנו כל דבר במקומו:

<u>ענין תפלת מנחה ערבית ותקון חצות:</u>

**טז.** וצריך שתדע שהנה בסדרי ההנהגה היום מתחלק לשני חלקים והוא הבוקר ואחר חצות שהיא בין הערבים. וגם הלילה מתחלקת לשנים וכמ"ש למעלה. ואמנם בכלם צריך שתמשך הארה והשפעה לעולמות כפי בחינת חלק הזמן ההוא ועל זה סידרו התפלות במנינם. והיינו כי הנה לשני חלקי היום תיקנו תפלת שחרית ומנחה. והנה בבוקר שהוא זמן התחדש השפע כפי בחינת היום תיקנו הסדר בארוכה כפי כל המצטרך. אך לחלק השני של היום שנמשך אחר הראשון לא יצטרך אלא קצת השתדלות להשלמת הענין כפי חלק הזמן ההוא. ובלילה להיות בענין יותר חידוש מפני השתנות הבחינות דהיינו בחינת הלילה שהיא יותר מתחלפת מהיום ממה שהוא בין הערבים מהבקר על כן תיקנו סדר יותר בארוכה משל מנחה והיינו בברכות הקריאת שמע אך קצר משל הבקר כי על כל פנים כבר השפע נמשך ובא מהבוקר. ואולם לחלק השני של הלילה לא קבעו סדר לכל שלא להטריח את הציבור אבל הניחו הדבר לחסידים שיקומו וירונו כל אחד כפי ידיעתו. וכבר אפילו תפלת ערבית עצמה רשות היתה אלא שקבעוה חובה כל שכן תיקון

חצות הלילה. והנה תראה כי השלש תפלות אבות תקנום ומצד זה מוטל על כל ישראל לסדרם. ואולם תיקון חצי הלילה האחרונה דוד נזדרז בו וכמ"ש חצות לילה אקום להודות לך והוא המשלים עם האבות תיקונם של ישראל וכמש"ל. אך לא נקבע הענין להטילו על כל ישראל כי אם על חסידיהם להיות במדריגה קצת למטה מן האבות:

תפילת מוסף:

**יז.** והנה בימי הקדש נוספת תפלה כנגד קרבן המוסף והיא בבחינת השפע הנוסף ביום ההוא כפי בחינת קדושתו ועניינו:

## פרק ז - בעבודה הזמנית

**א.** העבודה הזמניית הוא מה שנתחייבנו בו בזמנים ידועים ופרטיה שביתת השבת וקדושתו שביתת העשור ועינויו שביתת היו"ט וקדושת חולו של מועד החמץ והמצה בזמנם שופר בזמנו סוכה ולולב בזמנם וראש חדש חנוכה ופורים ועתה נבאר ענינם:

<u>ענין שבת קדש:</u>

**ב.** ענין השבת בכללו הוא כי הנה כבר ביארנו למעלה שענין העוה"ז נותן שיהיו הדברים בו חול ולא קדש. אמנם הוצרך גם כן שמצד אחר ינתן קצת קידוש לברואים כדי שלא יגבר בם החשך יותר מדאי. והנה שיערה החכמה העליונה את כל זה בתכלית הדקדוק באיזה מדריגה צריך שיהיה החול ובאיזה מדריגה הקידוש הנוסף הזה והגבילה כל זה הגבולים הנאותים בבחינת הכמות האיכות המקום והזמן וכל ההבחנות שיש לבחון בנמצאות. ואולם בבחינת הזמן סידרה ענין הימים של חול ושל קדש ובימי הקדש עצמם מדריגות זו למעלה מזו כפי הנאות. והנה סידרה שרוב הימים יהיה חול ולא יהיה קדש אלא השיעור המצטרך. ואולם גזרה שיהיו הימים כלם מתגלגלים בשיעור מספר אחד שיסובב בזמן כלו בסיבוב והוא מספר השבעה ימים. וזה כי הנה בם נברא המציאות כלו ונכלל כל הויותו במספר זה ונמצא מספר זה מה שראוי שיקרא שיעור שלם כיון שכלו הוצרך להוית כל המציאות ויותר מזה לא הוצרך כלל כי כבר נגמרה בו כל ההויה. אמנם יהיו מספר זה מתגלגל והולך וחוזר בסיבוביו עד סוף כל הששת אלפים. ולא עוד אלא שימות כל העולם כלו גם הם ישמרו השיעור הזה בכמות הגדול והיינו ששת אלפים ואלף מנוחה ואחר כך תתחדש ההויה למציאות בסדר אחר כפי גזירת החכמה העליונה. והנה כיונה שסוף הסיבוב יהיה תמיד בקדש ונמצא זה עילוי גדול לכל הימים שאע"פ שרובם חול ורק חלק אחד משבע הוא הקדש והוא מה שמצטרך לעוה"ז כמו שזכרנו אמנם מצד אחר בהיות החלק הזה סוף המיבוב וחיתומו נמצא המיבוב כלו נתקן ומתעלה על ידי זה עד שנמצאים כל ימות האדם מתקדשים. והנה זו מתנה גדולה שנתן הקב"ה לישראל להיות שרצה שיהיו לו עם קדוש ולא נתנה לשאר האומות כלל שאין המעלה הזאת ראויה ולא מיועדת להם:

<u>איסור המלאכה בשבת קדש:</u>

**ג.** ואמנם כפי המעלה הזאת שמשיגים ישראל ביום זה כן ראוי שיהיה התנהגם בו. ואולם הנה העסק בעולם כבר ביארנו למעלה שהוא ממה שמקשר האדם בחומריות ומשפיל ענינו ומורידו מן המעלה והיקר שהיה ראוי לו

ומזה צריך שיתנתק בשבת כיון שמתעלה ענינו ממה שהוא בחול ויהיה מחזיק עצמו בערך הראוי למעלה הזאת. ואמנם להנתק לגמרי מן הגופניות ועסקו אי אפשר שעל כל פנים בעוה"ז הוא וקישורי הגופניות עליו אבל שיערה החכמה העליונה המדריגה שראוי שינתק מן הגופניות והמדריגה שצריך שישאר בה. והמדריגה שראוי שינתק ציותה לו שינתק והזהירה שלא יחדל מלהנתק וזה כלל המלאכות כלם שנאסרו בשבת:

<u>עונג השבת וכבודו:</u>

**ד.** ומלבד מה שנאסר שלא לפגום בכבוד הקדש הנשפע ביום זה כמ"ש עוד נצטוינו לכבוד הקדושה הזאת הנשפעת והוא כלל עונג השבת וכבודו בבואו ובצאתו בקידוש ובהבדלה ושאר כל פרטיו כלם ענינים נוסדים בכללם על היסוד הזה שהוא לשמור את עצמנו בערך הראוי לקדושה הנשפעת לנו ולחבב המעלה הזאת וליקרה לכבוד ענינה שהוא קורבה גדולה אליו ית' ודביקות גדול בו ולכבוד נותנה ית' שנתן לנו מתנה גדולה כזו. ופרטי הענינים מכוונים אל פרטי הקדושה הזאת ובחינותיה דרכיה ותולדותיה כפי מה שהם באמת:

<u>שאר ימי הקדש:</u>

**ה.** ואמנם גזרה החכמה העליונה להוסיף לישראל קידוש על קידוש ונתנה להם ימי קודש מלבד השבת שבהם יקבלו ישראל מדריגות ממדריגות הקידוש אמנם כלם למטה ממדריגת השבת השפעתו וקידושו. והנה כפי מדריגתו השפעתם של הימים האלה כן הוצרכנו לינתק מן העסק העולמי וכפי זה הוא איסור המלאכות בהם. והיינו יום הכפורים למעלה מכלם ואחריהם ימים טובים ואחריהם חולו של מועד ואחריהם ראש חדש ואין בו ביטול מלאכה אלא לנשים ואחר כל זה חנוכה ופורים שאין בהם ביטול מלאכה אלא הודאה בחנוכה ושמחה גם כן בפורים. וכל זה כפי ערך השפע הנשפע והאור המאיר הוא:

<u>חגיגת החגים הזמניים:</u>

**ו.** ואולם מלבד הקידוש הזה הנשער במדריגותיו כפי מדריגת קדושת הימים יש עוד ענינים פרטיים מיוחדים לכל זמן מזמנים אלה כפי ענינו. ושרש כלם הוא סדר שסדרה החכמה העליונה שכל תיקון שנתקן ואור גדול שהאיר בזמן מהזמנים בשוב תקופת הזמן ההוא יאיר אור מעין האור הראשון ותחודש תולדת התיקון ההוא במי שקבלו. והנה על פי זה נצטוינו בחג בכל הענינים שנצטוינו לזכר יציאת מצרים כי בהיות התיקון ההוא תיקון גדול מאד שנתקנו בו וכמש"ל הוקבע שבשוב תקופת הזמן ההוא יאיר עלינו אור מעין האור שהאיר אז ותחודש בנו תולדת אותו התיקון ועל כן

נתחייב באותם הענינים כלם. ועל דרך זה חג השבועות למתן התורה. וחג הסוכות לענין ענני הכבוד אע"פ שאינו אותו הזמן בפרט אלא שקבעה התורה חג זה לזכרון ענין זה וכמ"ש כי בסוכות הושבתי וכו'. וכן חנוכה וכן פורים. ועל דרך זה היו כל ימי מגילת תענית אלא שנתבטלו מפני שלא היו ישראל יכולים לעמוד בהם ונפטרו מהיות עושים זכר להם והתעוררות לאור המאיר. ועתה נבאר המצות האלה בפני עצמן:

## פרק ח - במצות הזמנים

<u>ענין חמץ ומצה:</u>

**א.** ענין החמץ והמצה הוא כי הנה עד יציאת מצרים היו ישראל מעורבים בשאר האומות גוי בקרב גוי וביציאתם נגאלו ונבדלו. והנה עד אותו הזמן היה כל בחי' גופות בני האדם חשוך בחשך וזוהמא שהיה מתגבר עליהם וביציאה נבדלו ישראל ונזמנו גופותם ליטהר ולהזדמן לתורה ולעבודה. ולענין זה נצטוו בהשבתת החמץ ואכילת המצה. והיינו כי הנה הלחם שהוכן למזון האדם הוא משתוה באמת אל המצב הנרצה באדם וענין החימוץ שהוא דבר טבעי בלחם לשיהיה קל העיכול וטוב הטעם הנה גם הוא נמשך לפי החק הראוי באדם שגם הוא צריך שיהיה בו היצה"ר והנטיה החומרית. אמנם לזמן מיוחד ומשוער הוצרכו ישראל להמנע מן החמץ וליזון ממצה להיות ממעטים בעצמם כח היצה"ר והנטיה החומרית והגביר בעצמם ההתקרבות אל הרוחניות. ואולם שיזונו כך תמיד אי אפשר כי אין זה הנרצה בעוה"ז אך הימים המשוערים לזה ראוי שישמרו זה הענין שעל ידי זה יעמדו במדריגה הראויה להם. והנה זה עיקר ענינו של חג המצות. ושאר מצוות הלילה הראשונה כלם ענינים פרטים מקבילים לפרטי הגאולה ההיא:

סוכה ולולב:

**ב.** ענין הסוכה והלולב הוא כי הנה ענני הכבוד שהקיף הקב"ה את ישראל מלבד תועלתם בגשמיות שהיה לסכך עליהם ולהגן בעדם עוד היתה תולדה גדולה נולדת בהם בדרכי הרוחניות והוא כמו שעל ידי העננים ההם היו נמצאים ישראל מובדלים לבדם ונשואים מן הארץ כן היה נמשך להם מציאות הארה המשכנת אותם לבד נבדלים מכל העמים ומנושאים ומנוטלים מן העוה"ז עצמו ועליונים ממש על כל גויי הארץ. ודבר זה נעשה בשעתו לישראל להגיעם אל המעלה העליונה הראויה להם ונמשכת תולדתו זאת לכל אחד מישראל לדור דורים שאמנם אור קדושה נמשך מלפניו ית' ומקיף כל צדיק מישראל ומבדילו מכל שאר בני האדם ומנשאו למעלה מהם ומשימו עליון על כלם ומתחדש דבר זה בישראל בחג הסוכות על ידי הסוכה. ואור השם ב"ה מאיר על ראשם של ישראל ומעטירם באופן שתהיה אימתם נופלת על כל אויביהם על ידי נטילת הלולב ומיניו והוא מ"ש וראו כל עמי הארץ כי שם ה' נקרא עליך. וכבר היו משיגים זה הענין בגילוי מיד אלו לא היו החטאים מונעים אותו. אמנם על כל פנים מזדמן הדבר לצאת לפועל בזמנו. ועל ידי פרטיות מצות הלולב בנענועיו והקפותיו משתלם ענין זה להתחזק שליטת השם ב"ה על ראשם של ישראל ולהפיל אויביהם לפניהם ולהכניעם

תחתם עד שהם בעצמם יבחרו להיות להם לעבדים והוא הענין שנאמר אפים ארץ ישתחוו לך וכו' והלכו אליך שחוח כל בני מעניך וכו' כי כלם ישתעבדו להם וישתחוו להם לקבל על ידם אור מאור השם ב"ה השורה עליהם. והנה תשפל כל גאותם ויכנעו תחת ישראל וישובו על ידם אל עבודתו ית'. ולזה הולך כל ענין הלולב בפרטיו וכמ"ש:

<u>חנוכה ופורים:</u>

**ג.** ענין חנוכה ופורים הוא להאיר האור המאיר בימים ההם כפי התקונים שנתקנו בם. חנוכה בתגבורת הכהנים על הרשעים בני יון שהיו מתכונים להסיר ישראל מעבודת ה' ונתחזקו הכהנים ועל ידם שבו לתורה ולעבודה. ובפרט ענין המנורה לפי תיקוניה שהיו הקטרוגים נגד ענינה והחזירום הכהנים על בורים. ופורים לענין הצלתם של ישראל בגלות בבל וחזרת קבלת התורה שחזרו וקבלו עליהם לעולם כמו שאמרו ז"ל הדור קבלוה בימי אחשורוש. ופרטי הענינים כפי פרטי התיקון:

<u>שופר:</u>

**ד.** אך ענין השופר בראש השנה הוא כי הנה ביום זה הקב"ה דן את כל העולם כלו ומחדש כל המציאות בבחינת הסיבוב החדש דהיינו השנה החדשה והנה נסדרים הסנהדראות ונערך הדין על כל היצור כפי סדרי הדין העליון וכמ"ש בחלק ב' והקטיגור מזדמן לקטרג כפי עונותיהם של בני האדם. והנה צונו הקב"ה לתקוע בשופר והכונה בו להמשיך ההנהגה ברחמים ולא בתוקף הדין ולערבב הקטיגור שלא יקטרג. והנה כבר ביארנו בחלק ב' שכמו שאין מדת הדין נותנת שיגיע טוב לבני האדם אם לא יזכו לו כן מחוק המשפט עצמו הוא במעשים מן המעשים שיעשו בני האדם בהגמלם הגמול הראוי להם לפי ענינם שינוהג עמהם בכלל דינם ברחמים ובחמלה ולא ידוקדק עליהם בדקדוק גמור. וכענין מ"ש ז"ל כל המעביר על מדותיו מעבירים לו על כל פשעיו. כי הרי זה מדה כנגד מדה כמו שהוא מוותר כך יוותרו לו ונמצא שמתנהגים עמו ברחמים וזה עצמו מדת משפט. ואמנם לא המעשה הזה לבד יגמל על דרך זה אבל כל מעשה שתגזור החכמה העליונה עליו היותו ראוי ליגמל כך יגמל כך. ומכלל זה מצוה זו של תקיעת שופר שנצטוו בה ישראל להיות ממשיכים עליהם ההנהגה ברחמים וכשישמרו אותה כראוי זה יהיה הפרי שילקטו ממנה. ואמנם פרט הענין היחם אשר לתקיעת השופר עם המשכת הרחמים תלוי בשרשי ההנהגה ויסודותיה כפי הדברים האמיתים שלה. והכונה בזה באמת לעורר אבות העולם להתחזק בזכותם לעורר את הרחמים ולפיים מדת הדין ולהגביר הטוב על הרע ולכפות

כחות הרע וליטול הכח מהמקטרגים. ולהתכוין שישתמש האדון ב"ה מרוממותו להנהיג בשליטת יחודו ולעבור על פשע. וכל זה על ידי מצוה זאת כשיתחבר עמה תשובתם של ישראל כראוי. ופרטי כל ענין זה כפי פרטי התיקון בדרכיו:

יום הכיפורים:

**ה.** אמנם ענין יום הכפורים הוא שהנה הכין האדון ב"ה לישראל יום אחד שבו תהיה התשובה קלה להתקבל והעונות קרובים לימחות דהיינו לתקן כל הקלקולים שנעשו על ידיהם ולהסיר כל החשך שנתגבר על ידיהם ולהשיב השבים אל מדריגת הקדושה והקורבה אליו ית' שנתרחקו ממנו על ידי חטאתיהם. והנה ביום זה מאיר אור שבכחו נשלם כל זה הענין. ואמנם הוא אור שלקבל אותו צריך שישמרו ישראל מה שנצטוו ליום זה ובפרט ענין העינוי שעליה מתנתקים מן הגופניות ניתוק גדול ומתעלים במקצת אל בחינת המלאכים. ושאר כל פרטי הדברים כפי פרטי התיקון:

קריאת התורה:

**ו.** והנה צריך שתדע שמן התיקונים הגדולים שסידרו הנביאים לישראל היה ענין הקריאה בתורה וזה נכלל בשתי בחינות: האחת קריאת ספר התורה על הסדר עד תומו וחוזר חלילה על דרך זה. והשנית קריאת פרשיות מיוחדות בזמנים מיוחדים. וזה כי הנה ספר התורה

הוא כלל מה שנמסר לנו ממנו ית' להיותו הוגים בו שעל ידי זה תמשך לנו הארתו וכמ"ש בחלק א'. ובחלק זה גם כן פרק ב'. והנה לקבל הארה זו בתמידות תיקנו שנהיה הוגים בו במקהלותינו בתמידות על הסדר וזה מלבד ההגיון הפרטי הראוי לכל אחד ואחד בפרטו. והנה על ידי הקריאה התמידית הזאת מתמיד בנו אור הקדושה הזאת. וגם בזמנים המיוחדים כפי ענינם ראוי שנקרא הפרשיות הנוגעות לענינים ההם להחזיק הארת הימים על ידי כח התורה שהוא הכח היותר חזק שיש לנו:

## פרק ט - בברכות

**א.** אך העבודות המקריות הם כפי המקרים שקורים לבני האדם בכל ימי חייהם כפי מצבם בזה העולם במאכליהם במלבושיהם בכל צרכיהם האנושיים ועסקיהם המדיניים. וכלל כלם נוסד על מה שביארנו בחלקים הקודמים והוא שאין לך ענין בכל עניני העולם חק או מקרה באיזה נמצא מן הנמצאות שלא הוסד והוחק כפי מה שמצטרך לימצא בנמצאות לפי התכלית האמיתי של הבריאה שזכרנו למעלה שלהשיג אותו בשלימות הוצרכו כל הפרטים האלה כל אחד בגבולות ההם שהם מוגבלים באמת. אמנם צורך הפרטים כלם וצורותיהם נמשך אחר חלקי המציאות והדרגותיו וההשפעות עליהם למיניהם ומדריגותיהם כמש"ל. והנה בכל הענינים האלה נצטוו מצות כפי ענינם לעמיד הדברים על צד הטוב ולא על צד הרע כשישמרו המעשים ההם בגבולים ההם יהיה ענינם לפי הטוב והנמשך ונולד מהם טוב ותיקון. ואם לא ישמרו הנה ישארו המעשים לצד הרע ותתפשט על ידיהם הטומאה והזוהמא והחשך הגדול תחסר ההארה העליונה ויתרבה ההעלם ואחריו כל התולדות הרעות שזכרנו הכל כפי מציאות הענין ההוא שלא נשמר בגבוליו והיחם אשר לו עם האדם והחלק אשר לו בסיבוב והגלגול הכללי של הנמצאות המתגלגלות והולכות ליקבע בשלימות וכמש"ל:

<u>ענין ברכות הנהנין:</u>

**ב.** והנה על פי דרך זה הוסדו ענין הברכות שתיקנו ז"ל על כל עניני העולם והעולם והנאותיו. ושרש לכלם ברכת המזון שנצטוינו בה בתורה. וענין זה הוא כי הנה כבר ביארנו שכל הענינים הנמצאים וחקוקים בטבע הנה הם כלם פרטים מכוונים אל תכלית הכללי שהוא הגיע המציאות כלו אל השלימות. וחלקם בדבר הזה כפי המדריגה אשר הם בה באמתת מציאותם. ואולם האדם הנמשך אחר חוקות טבעו ופועל הפעולות כפי מה שהוחק לו יש לו להתכוין תמיד לעבודת בוראו ולמה שיוצא מן הפעולות ההם תועלת ועזר אל השגת התכלית הזה יהיה באיזה הדרך שיהיה כפי מה שסודרו הדברים באמת. פירוש כי כבר יהיו ענינים משמשים לדבר הזה מיד ודברים ישמשו למשמשים אחרים עד שאחר גלגול גדול של ענינים רבים נמשכים זה אחר זה יגיעו אליו. ואולם יהיו הדברים באיזה מדריגה שיהיו הנה ראוי שלא ינטלו אלא לכונה זו למה שמגיע מהם אפילו אחר עשר מדריגות עזר אל השגת התכלית ולא לכונה אחרת דהיינו כוונת התאוות והנטיה החומרית אל המותרות. וישמרו כלם בגבולים שחקקה להם התורה האלקית ואז יהיו כלם באמת עוזרים לדבר הזה ויחשבו כלם תנאי עבודה.

תושלב"ע

והנה למדתנו התורה שאחר שנהנינו במאכלינו ושתיתנו נודה לפניו ית' ונברך שמו ונחזיר הדבר אל התכלית האמיתי שבו שהוא העזר אל התכלית הכללי שזכרנו. עד שנמצא בכלם מתגדל כבודו ית' במה שחפצו נעשה ועצתו מתקיימת. וזה כלל ענין ברכת המזון וכן כל שאר ברכות הנהנין שאחר ההנאה. ואולם עוד הוסיפו ז"ל לתקן ברכות קודם ההנאה להגדיל זה הענין והוא שגם קודם שישתמש האדם מן העולם יזכיר שמו ית' עליו ויברכהו ויתכוין שממנו ית' בא לו הטוב ההוא ויתכוין באמתת הטוב ההוא שאינו ענין גופני והנאה חומרית בלבד אלא שבאמת הוא ענין מוכן ממנו ית' למה שיוצא ממנו תועלת לטוב האמיתי כמ"ש. ובהקדים הענין הזה למעשה ישאר המעשה ההוא כלו לצד הטוב ולא לצד הרע ויתקן בו האדם ויתעלה ולא יתקלקל ויושפל וכמ"ש:

ענין ברכת המצוות:

**ג.** ואולם גם במעשה המצות תיקנו לנו חכמים ברכות אלה לחיבובה של המצוה להודות לו ית' שרצה בנו ונתן לנו תיקונים גדולים כאלה. ונמצא על ידי זה מתעלה המעשה יותר ונעזר בו האדם ממנו ית' כי כן היא המידה כפי ההתעוררות שמתעוררים בני האדם אליו ית' כן יהיה שיעור העזר שיעזרו ממנו אם מעט ואם הרבה בכל פועל שיהיה כפי מה שהוא ובוטח בה' אשריו: